평화를 지키는 아이들

Les enfants de l'espoir

by Annick de Giry and Bruno Pilorget
Copyright © 2016, Les Éditions des Éléphants
All Rights Reserved
Korean translation © 2017 by Blue Bicycle publishing Co.
Korean translation rights arranged with through The Picture Book Agency, Paris, France, and Orange Agency, Korea

이 책의 한국어 저작권은 오렌지 에이전시와 The Picture Book에이전시를 통한
Les Éditions des Éléphants와의 독점계약으로 파란자전거가 소유합니다.
저작권법에 의하여 한국 내에서 보호를 받는 저작물이므로 무단전재와 무단복제를 금합니다.

평화를 지키는 아이들

초판 1쇄 발행 2017년 1월 15일 ╲초판 4쇄 발행 2022년 7월 10일
글쓴이 아닉 드 지리 ╲그린이 브뤼노 필로르제 ╲옮긴이 김윤진
펴낸이 이영선
편집 이일규 김선정 김문정 김종훈 이민재 김영아 이현정 차소영 ╲디자인 김회량 위수연
독자본부 김일신 정혜영 김연수 김민수 박정래 손미경 김동욱
펴낸곳 파란자전거 ╲출판등록 1999년 9월 17일(제406-2005-000048호)
주소 경기도 파주시 광인사길 217(파주출판도시) ╲전화 (031)955-7470 ╲팩스 (031)955-7469
홈페이지 www.paja.co.kr ╲이메일 booksea21@hanmail.net

ISBN 979-11-86075-87-6 73300

이 도서의 국립중앙도서관 출판예정도서목록(CIP)은 서지정보유통지원시스템 홈페이지(http://seoji.nl.go.kr)와
국가자료공동목록시스템(http://www.nl.go.kr/kolisnet)에서 이용하실 수 있습니다.(CIP제어번호: CIP2016032022)

파란자전거는 도서출판 서해문집의 어린이 책 브랜드입니다. 페달을 밟아야 똑바로 나아가는 자전거처럼
파란자전거는 어린이와 청소년이 혼자 힘으로도 바르게 설 수 있도록 도와줍니다.

어린이제품안전특별법에 의한 제품 표시
제조자명 파란자전거 ╲제조년월 2022년 7월 ╲제조국 대한민국 ╲사용연령 만 9세 이상 어린이 제품

세계 어린이·청소년
지구촌인권보고서

평화를 지키는 아이들

아닉 드 지리 글 | 브뤼노 필로르제 그림 | 김윤진 옮김

파란자전거

추천하는 말

평화라는 희망에 불을 밝힌 여덟 명의 친구들!

"너희들은 몰라도 돼."

"어른들이 알아서 할 테니 너희들은 가만히 있어."

어른들이 어린이들에게 흔히 하는 말입니다. 어린이들이 나이도 어리고 경험도 부족하니 어른들의 도움이 필요하고 어른들의 결정을 따라야 한다고 말하는 것이지요.

이런 이야기를 들으면 여러분은 어떤 마음이 드나요? 어른들의 말에 답답함을 느낄 게 분명해요. 어린이인 여러분도 누구나 자신의 생각에 따라 마음껏 목소리를 높이고 자신이 하고 싶은 일을 씩씩하게 할 수 있는 능력이 있기 때문입니다.

어린이들이 경험이 부족하니 실수도 많이 할 거라고요? 물론 실수할 수도 있어요. 하지만 모든 일을 어른들이 다 결정해 주는 것보다 실수를 하더라도 그 과정에서 많은 것을 배우고 성장할 수 있는 편이 더 낫지 않을까요? 그리고 사실 어린이만큼 어른들도 실수를 많이 한답니다.

　지금부터 여러분이 읽을 《평화를 지키는 아이들》은 바로 자신의 목소리를 당당히 높이고 세상을 바꾸는 일을 씩씩하게 해내고 있는 어린이들을 소개하는 책입니다. 평화를 지켜 세상을 바꾸는 일을 하다니 뭔가 대단한 친구들이냐고요? 아닙니다. 이 책에 등장하는 어린이들은 여러분과 같은 또래의 평범한 어린이들입니다. 아니 평범하다기보다는 오히려 나쁜 어른들이 만든 잘못된 세상에서 고통을 받던 친구들이 대부분입니다.

　이들은 배우고 싶어도 학교에 가지 못하도록 위협당하거나 집에서 내쫓겨 어렸을 때부터 노예처럼 일해야 하고, 전쟁 때문에 부모들을 모두 잃거나 원하지도 않는데 강제로 결혼을 해야 하는 처지에 놓여 있었습니다.

　여러분이 만약 이 친구들과 같은 처지였다면 어땠을까요? "어른들도 바꿀 수 없는 세상인데 내가 뭘 할 수 있겠어?"라며 낙담하고 하루하루를 힘겹게 버티며 살아갔을까요? 아니면 무엇이든 한 가지라도 바꾸려고 노력했을까요?

　이 책에 나오는 어린이들은 나쁜 어른들이 만든 세상에서 가만히 있지 않았습니다. "너희들은 몰라도 돼!", "가만히 있어!"라고 어른들이 말할 때, "아니요!"라고 힘차게 고개를 가로저었습니다. 그리고 잘

못된 세상을 바로잡기 위해 목소리를 높이고 자신이 할 수 있는 일을 찾아 당당하게 세상과 맞서기 시작했습니다.

　물론 모든 것이 쉽지만은 않았습니다. 어린이들의 목소리를 귀담아들으려는 어른들은 적었고 심지어 목숨을 잃을 만큼의 위협을 겪기도 했습니다. 하지만 이 친구들은 포기하지 않았습니다. 모든 어린이들이 행복하고 평화롭게 살 수 있는 세상을 위해 더욱더 목소리를 높였습니다. 그 결과 세상은 조금씩 바뀌기 시작했습니다.

　여러분은 자신의 처지를 비관하지 않고 용기를 내어 한 발짝씩 앞으로 나아간 여덟 명의 어린이들 모습에 큰 감동을 받을 것입니다. 나쁜 어른들이 만든 잘못된 세상 속에서 고통스러워하는 친구들의 모습에 함께 마음 아파할 것이고, 세상에 평화라는 희망을 심기 위해 노력하는 친구들의 모습에 두 주먹을 불끈 쥐고 응원할 것입니다. 또 온갖 어려움을 극복하고 마침내 세상을 바꾼 여덟 명의 친구들 모습에선 그들을 하나하나 힘차게 끌어안고 싶어질 것입니다. 그리고 책의 마지막 장을 덮을 때가 되면 여러분은 세상의 평화를 위해 "나는 무슨 일을 할 수 있을까?"에 대해 생각하게 될 것입니다.

　《평화를 지키는 아이들》은 어른들에게도 반성과 감동을 줍니다. 나쁜 어른들이 만든 잘못된 세상이 우리 어린이들의 삶을 얼마나 고통스럽게 만들 수 있는지, 그리고 세상의 모든 어린이가 평화롭게 살며 자신들의 권리를 누릴 수 있으려면 어른들이 어떤 노력을 해야 하는지를 고민하게 만들기 때문입니다. 물론 이 책을 읽은 어른들은 앞으로 어린이들에게 "너희들은 몰라도 돼.", "어른들이 알아서 할 테니 너희들은 가만히 있어."라는 말은 하지 않을 게 분명하고요.

자, 이제 지구촌 평화를 지키는 작은 영웅들과 만날 준비가 되었나요? 주저하지 말고 책을 펼치세요. 그리고 평화라는 희망에 불을 밝히는 세상을 만들어 가는 여덟 친구들이 여러분에게 웃으며 내미는 따뜻한 손을 꼭 잡아 보세요.

'인권배움터 봄 + 1'
서울시 어린이·청소년 인권위원회 인권위원으로 활동하는
서울초당초등학교 교사
이기규

들어가는 말

우리의 권리를 존중해 주는 세상을 만들어 가요!

전 세계 수백만의 아이들에게는 성장한다는 것 자체가 가로놓인 여러 장애를 극복해야 하는 과정이며, 미래 또한 도저히 다다를 수 없는 꿈에 지나지 않습니다. 그렇지만 그중 몇몇 아이들은 좌절한 채 포기하지 않고 희망을 간직하고 살아갑니다. 필리핀에서 파키스탄과 인도에 이르기까지, 탄자니아에서 브라질과 콜롬비아에 이르기까지, 그리고 말라위에서 캐나다에 이르기까지, 여기 희망을 품고 살아가는 여덟 명의 아이들이 있습니다.

아주 어릴 때부터 이 아이들은 힘들고 때로는 비인간적인 상황을 겪어 왔습니다. 그러나 그들은 두려움과 맞서 고통을 극복했으며, 도저히 헤어날 수 없을 것 같던 극한 상황 속에서도 낙담하지 않고 다시 한 번 힘을 냈습니다. 그리고 경험들을 도약의 발판으로 삼아 다른 아이들에게 힘을 주었습니다. 어른이 되기도 전에 그들은 자신들의 삶에 책임감을 느끼고 자신들의 권리를 존중해 주는 세상을 이루기 위해 온 힘을 다했습니다.

인류는 그 최선의 것을 아동에게 주어야 할 의무가 있습니다.

1959년 국제연합(UN, 유엔)은 아동 인권 선언문을 채택했습니다. 이 선언문은 국적, 종교, 피부색과 상관없이 모든 아동들에게 적용됩니다. 아동들은 이름과 국적을 가질 권리, 적절하게 양육받을 권리, 보호받고 보살핌을 받을 권리, 교육을 받을 권리, 장애가 있을 경우 합당한 치료를 받을 권리, 애정으로 보살핌을 받고 배우고 놀 권리들을 가집니다. 위험에 처할 경우 아동은 우선적으로 구조되어야 하며, 학대받아서는 안 됩니다. 또한 아동들에게는 평화, 사람들 사이의 관용과 이해, 우정을 반드시 가르쳐야 합니다. 이 선언문에 서명한 모든 국가들은 어린이의 권리를 존중하기 위한 법률을 제정할 의무가 있습니다.

지구촌에 살고 있는 더 많은 사람들이 아동의 권리를 바로 알고, 그 권리를 지켜 주는 것을 의무로 여길 때, 또한 나의 권리를 당당히 말할 때 더불어 사는 세상에 한 발 더 나아갈 수 있습니다.

차 례

추천하는 말_ 평화라는 희망에 불을 밝힌 여덟 명의 친구들 4
들어가는 말_ 우리의 권리를 존중해 주는 세상을 만들어 가요! 8

말랄라 · 14
여자아이들의 교육을 위해 싸우다 _차별과 폭력

케즈 · 28
거리의 아이들을 돕다 _학대와 폭력

산드라 · 42
빈민촌을 바꾸다 _빈곤

옴 · 56
노예가 된 아이들을 해방시키다 _아동 노동

마이라 · 70
폭력에 맞서다 _폭력과 소외

바루아니 · 82
난민 아이들을 대변하다 _난민

메모리 · 98
조혼에 맞서 싸우다 _조혼

크레이그 · 112
아동 노동 착취를 폐지하다 _아동 노동

나오는 말_우리의 다짐   128
유엔아동권리협약   130

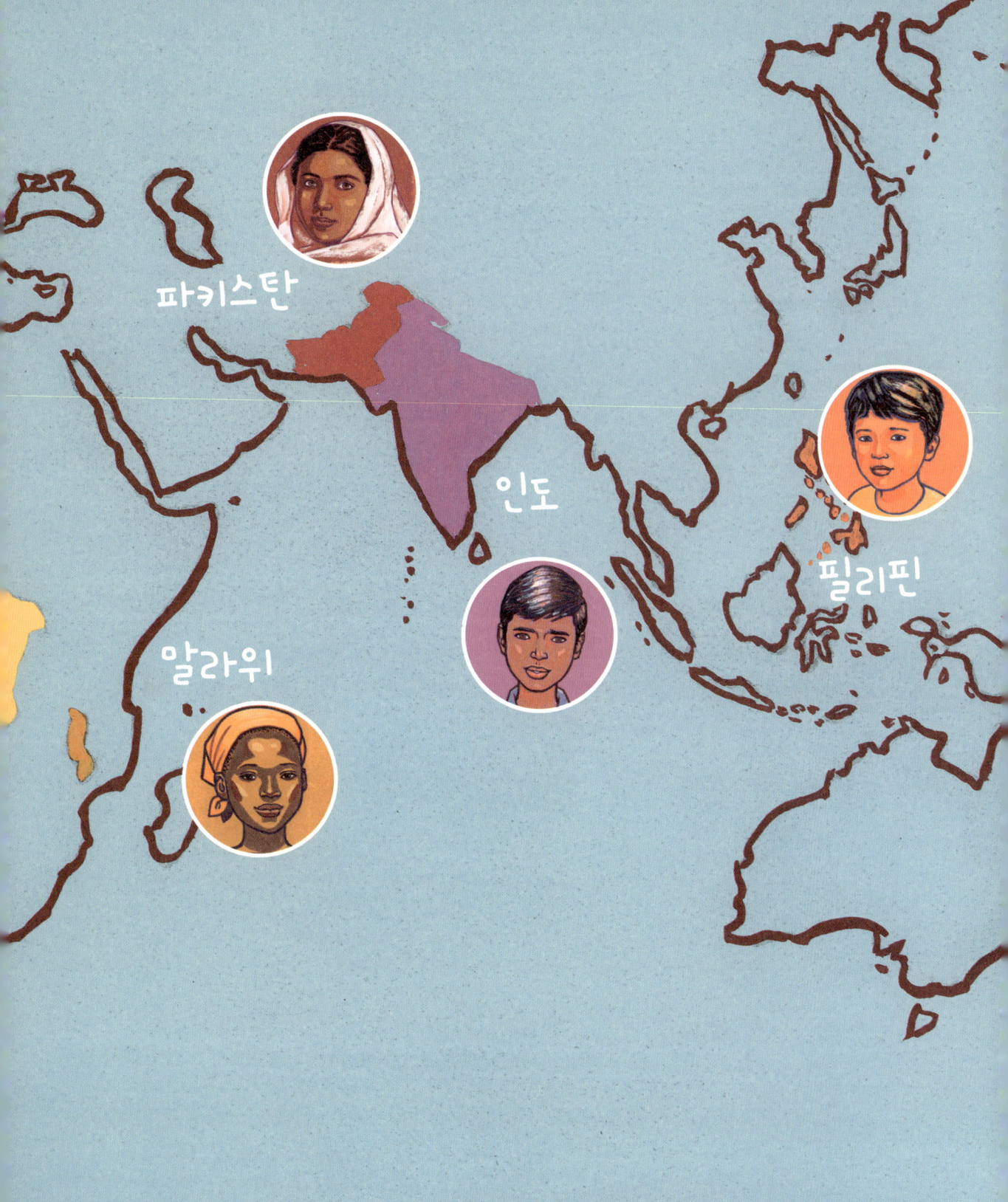

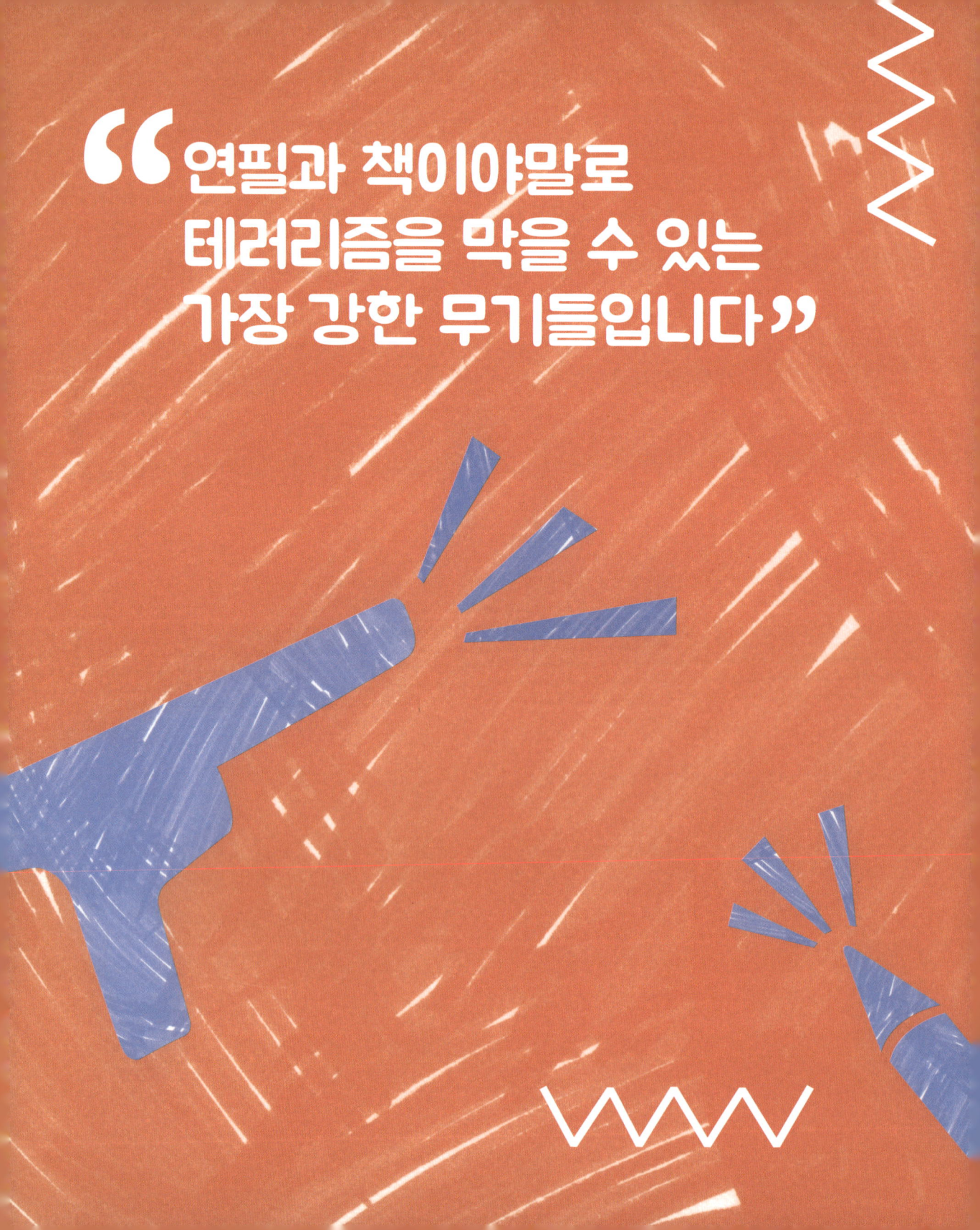

말랄라

여자아이들의 교육을 위해 싸우다

Malala Yousafzai

이름 : 말랄라 유사프자이

출생 : 1997년 7월 12일, 파키스탄 북서부 스와트 지역

국적 : 파키스탄

쓴 책 : 《나, 말랄라는 교육을 위해 투쟁하며 탈레반에 저항한다》

앞으로 하고 싶은 일 : 파키스탄 총리가 되어 사회를 바꾸고 싶다.

국제아동인권평화상, 사하로프 인권상*, 노벨평화상 수상

유럽연합(EU)이 구소련의 체제를 반대했던 핵물리학자인 안드레이 사하로프(Andrei Sakharov, 1921~1989)의 이름을 따서 제정한 인권상이다. 1988년부터 매년 수여하고 있으며 넬슨 만델라 남아프리카 공화국 전(前) 대통령, 미얀마 야당 지도자인 아웅산 수지, 사나나 구스마오 등이 수상했다.

말랄라는 가족과 함께 파키스탄 북서부에 위치한 아름다운 스와트 계곡에서 살고 있었습니다. 우뚝 솟은 높은 산들이 초원과 숲 그리고 작은 호수들을 굽어보는 곳이었지요. 그렇지만 그곳 주민들은 악몽과 같은 삶을 살았습니다. 2007년부터 이웃 나라인 아프가니스탄에서 건너온 탈레반*들이 그곳을 자신들의 본거지로 삼고 주민들에게 테러를 가했기 때문입니다. 그들은 주민들에게 극단적인 이슬람 종교를 강요했는데, 그 종교 아래에서 여성들은 자유롭게 살 권리가 없었습니다. 그들에게 맞서고자 하는 사람들은 모두 학살당하고 말았습니다. 군대마저도 그들의 위협 앞에서는 무력하기 짝이 없었지요.

탈레반은 무장 이슬람 정치 단체로, 이슬람교에 대한 엄격한 해석으로 사회 내 차별이 심하고, 여학교 폐쇄, 텔레비전 금지, 가혹한 이슬람식 처벌 제도 부활, 아동 학대 등 많은 부작용을 낳음으로써 국제 사회의 비난을 샀다. 2001년 정권이 무너진 뒤 임시 정부를 만들어 아프가니스탄, 파키스탄 등 이슬람 지역에서 참혹한 테러를 저지르고 있다.

　말랄라는 죽음을 무릅쓰고 탈레반에 반대하는 목소리를 드높이고, 여자아이들이 학교에 다닐 수 있는 자유를 지키기로 결심했습니다.

2008년~2009년 : 파키스탄 초등학교 여학생의 일기

말랄라는 열한 살 소녀였습니다. 학교에서 수업을 들으며 공부하는 것을 무척 좋아했지요. 그러나 탈레반들이 들이닥친 이후부터는 사정이 완전히 달라졌습니다. 말랄라는 자신의 블로그에 가명으로 초등학교 여학생의 일기를 쓰기 시작했습니다.

2009년 1월 14일

이제 곧 방학인데, 여자아이들은 전혀 기뻐하지 않는다. 탈레반들이 자신들의 법률을 적용하면 다시는 학교로 돌아올 수 없다는 것을 알고 있기 때문이다.

나는 스와트에서 학교에 다니는 것이 금지되었을 때 학교의 중요성을 깨닫게 되었다. 우리에게 이렇게 잔혹한 일들이 일어나고 있는 지금, 왜 아무도 그런 사실을 고발하지 않는 것일까?

실제로 2월부터 탈레반들은 여학교들을 강제로 폐쇄했습니다. 그것으로도 부족했는지, 그들은 150개 이상의 학교 시설들을 훼손하고 파괴했습니다!

말랄라는 계속해서 블로그에 글을 올렸고, 블로그 독자들은 점점 더 늘어났습니다. 탈레반은 블로그의 효과에 당황했고, 블로그 주인을 찾기 시작했지요. 그리하여 가명을 썼음에도 불구하고 그들은 말랄라를 찾아내 협박했습니다. 말랄라는 매일 밤 잠들기 전 집에 있는 모든 문이 잘 닫

그러던 어느 날,
몇몇 탈레반들이 공공연한
장소에서 어린 여자아이를
채찍질하는 장면이 담긴
비디오가 나돌자, 나라 전체가
발칵 뒤집혔습니다.
이건 말도 안 되는 너무나도
잔인한 행동이었습니다!

―
탈레반이 파키스탄 학교를 무차별 공격하는 바람에
135명이 사망했다. 사망자의 대다수는 어린이였다.
테러 희생자 추모 행렬은 끊이지 않았다.

혔는지 확인해야만 했습니다. 그렇지만 글 쓰는 것을 멈추지 않았습니다. 부모님은 말랄라를 격려해 주며 울타리가 되어 주었지요. 결국 탈레반들은 어린 여자아이를 공격할 엄두를 내지 못했습니다.

2009년 5월~7월 : 피난

말랄라는 아버지를 존경했습니다. 아버지는 탈레반을 비판하는 몇 되지 않는 사람들 중 한 명이었습니다. 그러던 어느 날, 몇몇 탈레반들이 공공연한 장소에서 어린 여자아이를 채찍질하는 장면이 담긴 비디오가 나돌자, 나라 전체가 발칵 뒤집혔습니다. 이건 말도 안 되는 너무나도 잔인한 행동이었습니다! 군대는 탈레반을 공격하기로 결정했습니다. 곧 총소리와 폭음이 끊이지 않았고 생활은 불가능해졌지요. 다른 많은 주민들처럼 말랄라의 가족도 수많은 책과 키우던 닭들, 살던 집 등 모든 것을 뒤로한 채 빨리 떠나야만 했습니다. 몇 달 후, 탈레반을 몰아내고 스와트 계곡에 다시 평온이 찾아오자 주민들은 자신들의 터전으로 되돌아오기 시작했습니다.

집으로의 귀환

그리던 집에 도착하자 말랄라의 어린 동생들은 잽싸게 마당으로 달려가 닭들을 찾았습니다. 그러나 남겨 두고 간 모이가 부족했는지, 살아남은 닭은 한 마리도 없었습니다. 말랄라는 자기 방으로 달려갔습니다. 다행히 책으로 가득 찬 가방은 그대로 있었습니다. 없어진 것은 아무것도 없었습니다. 말랄라의 아버지가 운영하던 학교 역시 거의 그대로 남아 있었습니다. 말랄라는 다시 학교에 다닐 수 있었습니다. 그리고 생활은 다시 정상적인 흐름을 되찾았습니다. 2012년 10월 운명적인 그날이 올 때까지 말입니다.

2012년 10월 9일 : 피습

이제 말랄라는 열다섯 살이 되었습니다. 그날, 열다섯 명 정도의 소녀들은 학교를 마친 뒤 집으로 가는 작은 스쿨버스에 올라타고 있었습니다. 버스가 막 출발하려는 순간, 두 명의 사내가 불쑥 나타났습니다.

"너희들 중 말랄라가 누구냐?"

겁에 질린 학생들은 유일하게 얼굴을 가리지 않은 여자아이를 돌아보았습니다. 그러자 극악무도한 총질이 시작되었습니다. 세 명의 소녀가 부상을 당해 쓰러지고, 나머지 아이들은 다행히 도망쳤습니다.

말랄라는 어깨와 머리에 심한 총상을 입고 의식불명 상태에 빠졌습니다. 긴급 수술이 필요할 정도로 위독한 상태였지만, 좀 더 시설이 잘 갖춰진 병원으로 옮기지 않으면 말랄라가 어떻게 될지 아무도 모를 일이었습니다. 며칠 후 말랄라는 비행기 편으로 영국 버밍엄의 전쟁 부상자 전문 병원으로 이송되었습니다.

2013년 2월 : 영국, 버밍엄

피격당한 이후 처음으로 거울에 자신의 모습을 비춰 보았습니다. 말랄라는 충격에 휩싸였습니다. 얼굴의 왼쪽 절반이 마비되어 예전의 얼굴은 찾아보기 힘들었습니다. 이전처럼 완전하지는 않아도 일상생활을 하는 데 불편하지 않을 정도로 회복되려면 시간이 필요했습니다. 그래도 위험한 상황은 지나갔습니다. 가족들이 말랄라를 만나기 위해 영국으로 왔습니다. 그리고 전 세계 각지에서 말랄라를 위로하는 메시지들이 쏟아졌지요.

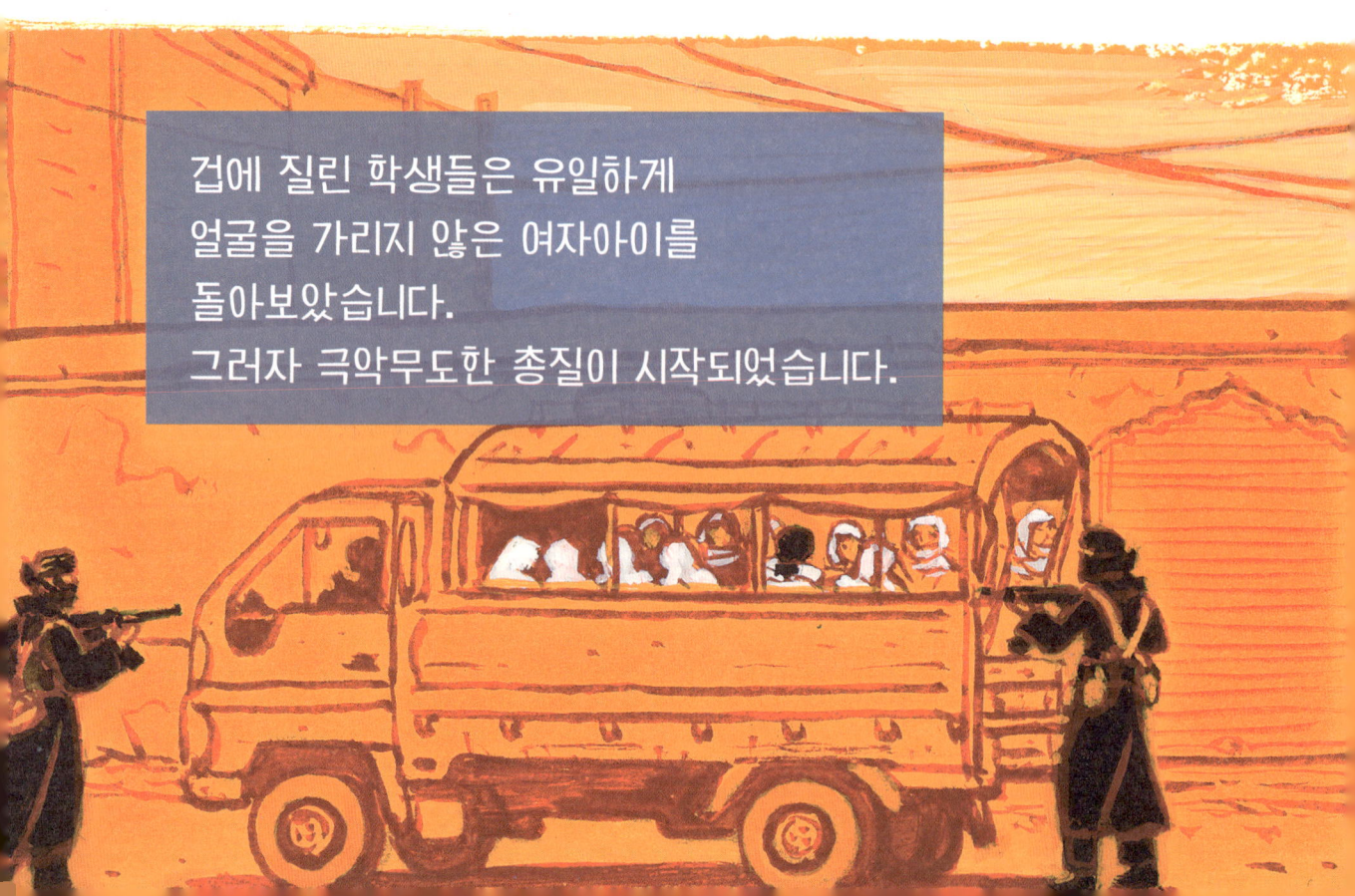

겁에 질린 학생들은 유일하게 얼굴을 가리지 않은 여자아이를 돌아보았습니다.
그러자 극악무도한 총질이 시작되었습니다.

재단 설립을 위한 수상

하마터면 죽을 뻔했음에도 불구하고 어린 소녀는 그 어느 때보다 더 확고한 태도로 자신의 투쟁을 계속했습니다. 사람들을 만나고, 학교를 방문하고, 도서관을 세웠습니다. 이러한 일들이 말랄라에게는 전 세계 모든 곳에서 여자아이들이 교육을 받을 수 있어야 한다는 자신의 신념을 다지는 계기가 되었습니다.

2013년 열여섯의 나이로 말랄라는 유엔에 초청을 받았습니다. 그날, 말랄라는 수백 명의 젊은 참석자들에게 교육이 모든 아이들이 누려야 할

기본적인 권리 중 하나라는 것을 상기시켰습니다.

> 저는 평화롭게 살 권리, 존중받을 권리, 균등한 기회를 얻을 권리와 교육을 받을 권리를 위해 싸우는 모든 사람의 이름으로 말씀드리는 것입니다.

열렬한 투쟁 덕분에 말랄라는 수많은 상을 수상했습니다. 열일곱 살에는 최연소 노벨평화상 수상자가 되기도 했지요! 모든 상금은 말랄라가 하는 활동에 쓰여 더욱 발전시켜 나갔습니다. 그리고 자신이 세운 재단을 통해 여자아이들의 말에 귀 기울이고 학교에 다닐 수 있게 해 주었지요. 다음번에는 결코 빠져나갈 수 없을 것이라는 탈레반의 위협에도 불구하고, 말랄라는 다양한 공식 활동들을 했습니다. 말랄라가 쓴 《나, 말랄라는 교육을 위해 투쟁하며 탈레반에 저항한다》라는 책은 말랄라의 확고한 결심을 잘 보여 주고 있습니다.

말랄라는 꿈을 꿉니다. 파키스탄의 총리가 되어 사회를 바꾸겠다는 꿈을! 말랄라가 보여 준 소중한 용기가 있었기에, 지금 말랄라는 전 세계 젊은이의 상징적인 존재가 되었습니다.

가장 중요한 교육

탈레반들은 파키스탄에서 쫓겨났다가 다시 돌아왔다.
또다시 어린 소녀들이 그들 공격의 표적이 된 것이다.
자유를 빼앗긴 나라에서 여자아이들의 교육이 문제의 초점이 되는 것은
학교에 다니는 남학생들의 수보다 여학생들의 수가 훨씬 적기 때문이다.
그런데 모든 공동체에서 사람들의 마음을 움직이는 것은 바로 여자들이다.

6개월간 문을 닫았던 학교에 다시 돌아온 파키스탄 아이들

케즈
거리의 아이들을 돕다

Cris Valdez, Kesz

이름 : 크리스 발데즈, 일명 케즈
출생 : 1998년 12월 26일, 필리핀 카비테
국적 : 필리핀
앞으로 하고 싶은 일 : 의사
국제아동인권평화상 수상

중국 남동부, 태평양 바다 위에 흩뿌려진 색종이 같은 천여 개의 섬들이 필리핀을 이루고 있습니다. 그리고 필리핀은 정기적으로 태풍과 폭풍에 휩쓸리는 제도이지요. 최근 몇 년 사이 필리핀 경제 수준은 나아졌지만, 그래도 많은 국민들이 가난하게 생활하고 있습니다. 2만 5,000명가량의 아이들이 아직도 거리에서 살고 있습니다. 필리핀의 수도인 마닐라에서 30킬로미터쯤 떨어진 카비테 시 외곽, 거리에서 자란 거리의 아이들 중 한 명인 케즈는 자신의 손으로 자신의 운명을 개척하기로 결심했습니다.

빈민촌에서

한 사내가 어린아이를 떠밀며 판잣집에서 나왔습니다.

"나가! 꺼지라고! 그리고 돈이 없으면 아예 들어오질 마!"

그 으름장을 온몸으로 받으며 케즈는 달려서 도망쳤습니다. 어린 소년은 어떻게 해야 할지 알고 있었습니다. 판잣집 근처의 빈민촌 쓰레기 하치장에서 같은 처지의 아이들과 함께하는 것이었지요.

케즈는 아주 어렸을 적부터 항상 그래 왔습니다. 아버지는 케즈를 때리며 나가서 구걸을 하거나 쓰레기 더미를 뒤져 몇 푼이라고 벌어 오라고 했고, 그렇게 벌어 온 돈으로 술이나 마약을 사곤 했습니다. 어머니도 케즈를 감싸 줄 생각조차 하지 않았습니다. 케즈가 갓난아기였을 때, 부모는 아이를 팔아 버리려 했지만 실패했습니다. 그 이후로 부모는 케즈 때문에 불행하다고 생각했습니다.

쓰레기 하치장

대형 트럭이 시끄럽게 경적을 울리며 어린 소년들을 지나쳐 좀 떨어진 곳에 쓰레기를 쏟아 냈습니다. 그러자 열 명가량의 아이들이 잽싸게 달려와 쓰레기 더미 위로 기어올랐습니다. 그중 맨발도 뛰어든 아이들이 몇 있었는데, 케즈도 잽싸게 그들 사이에 끼어들었습니다. 아이들은 미친 듯이 쓰레기를 뒤졌지요. 단돈 몇 푼이라도 벌기 위해 플라스틱 병, 캔,

케즈는 겨우 네 살이었지만,
다른 방도가 없었습니다.
낮에는 구걸을 하거나
쓰레기 하치장에서 시간을 보냈습니다.
밤이 되면 상점 문 앞이나
묘지에서 잠을 잤습니다.

―
필리핀 마닐라의 빈민촌

쇳조각, 재활용이 가능한 모든 것을 골라냈습니다. 그러면서 아이들은 항상 기적을 바랐습니다. 누군가 실수로 버린 귀중품을 주워 팔아 큰돈을 벌 수 있었으면……. 그런 물건은 누구든 처음 본 사람이 임자였으니까요.

케즈는 겨우 네 살이었지만, 다른 방도가 없었습니다. 집으로 다시 돌아갈 수 없는 것은 이미 정해진 사실이었지요. 낮에는 구걸을 하거나 쓰레기 하치장에서 시간을 보냈습니다. 밤이 되면 상점 문 앞이나 묘지에서 잠을 잤습니다. 그러다 케즈와 몇몇 아이들이 빈 무덤을 찾아냈습니다. 행운이라면 행운이었지요. 비가 내리거나 바람이 심하게 불 때면 그 안에 들어가 비와 바람을 피할 수 있었으니까요.

사고

어느 날 저녁이었습니다. 쓰레기 하치장 한쪽 모퉁이에서는 타이어 더미가 불타고 있었습니다. 마지막 쓰레기 운반차가 쓰레기를 쏟아 놓자, 늘 그렇듯 아이들이 서로 밀치며 달려들었습니다. 그 아수라장에서 케즈는 몸의 균형을 잃고 말았습니다.

"조심해!"

한 아이가 비명을 질렀습니다.

그러나 너무 늦었습니다! 케즈는 뒤로 굴러떨어져 불길 속에 처박혔습니다. 금세 옷에 불이 붙었지요. 등과 팔에 심한 화상을 입은 케즈는 끔찍한 고통을 겪어야만 했습니다. 집에 돌아가지 않은 지 벌써 1년 반이나

되었지만, 이제는 어쩔 수 없이 집으로 들어가야만 했습니다.

"조심 좀 못 하니? 내가 널 위해 치료비를 댄다는 생각은 하지도 마라!"

아버지는 고함을 질렀습니다.

다행히도 어머니는 도움을 줄 수 있는 사람을 알고 있었습니다. 종종 빈민촌을 누비고 다니는 사회 운동가 마날라이사이였지요. 그는 모임을 만들어 아이들에게 다양한 활동과 놀이를 하게 했습니다. 아이들을 데려가 부하로 삼은 뒤 이용하려는 갱들에게서 아이들을 보호하기 위해서였지요. 그는 케즈가 어떤 생활을 하는지 잘 알고 있었습니다. 그래서 아이를 돌보기로 하고 다 나을 때까지 한 가정에 맡겼습니다.

새로운 삶

여러 달이 흘렀습니다. 어느 날 누군가 마날라이사이의 집 문을 두드렸습니다. 케즈의 어머니였습니다. 자기 아들의 소식이 궁금해서 온 건 아니었지요.

케즈의 어머니는 마날라이사이를 보더니 하소연했습니다.

"남편과 나는 더 이상 케즈를 원하지 않아요. 도저히 키울 수가 없네요."

마날라이사이는 아이를 포기할 수 없었습니다. 그는 불안에 떠는 케즈에게 몸을 숙여 친절하게 말했습니다.

"걱정하지 마. 내가 널 보살펴 주마."

유일한 방법은 합법적인 보호자가 되는 것이었습니다. 절차가 오래 걸렸지만 결국 허가를 받아 냈습니다. 난생처음으로 아이는 사랑을 받았고, 학교에도 다닐 수 있었습니다. 케즈는 차츰차츰 삶의 재미를 되찾았습니다.

케즈는 정확한 나이를 알지 못했습니다. 오랜 조사 끝에 밝혀진 바에 따르면 케즈는 자신이 1998년 12월 26일에 태어났음을 알게 되었고, 일곱 살이 되던 해에는 '생일을 축하한다'는 것이 무엇인지 알게 되었지요. 소년은 결코 잊을 수 없었습니다. 여러 개의 촛불과 케이크, 그리고 그 모든 선물들을! 그리고 자신이 기억하고 있는 친구들과 선물을 함께 나누고 싶은 마음뿐이었지요.

희망의 선물

케즈는 작은 꾸러미들을 만들었습니다. 그리고 그것들을 들고 거리로 나가 아이들에게 나누어 주었지요. 케즈는 그것을 '희망의 선물'이라고 불렀습니다. 선물을 받은 친구들이 자신처럼 용기를 되찾기를 진심으로 바랐습니다. 하지만 희망의 선물은 금세 떨어지고 말았지요.

그 후 케즈는 상인들을 찾아가 새로운 선물 꾸러미를 만들 과자와 슬리퍼 등을 기증해 달라고 했습니다. 거리의 아이들은 대부분 맨발로 다니기 때문에 발을 다치는 일이 잦았습니다. 특히 쓰레기 더미에서 생활

그것들을 들고 거리로 나가
아이들에게 나누어 주었지요.
케즈는 그것을 '희망의 선물'이라고
불렀습니다. 선물을 받은 친구들이
자신처럼 용기를 되찾기를
진심으로 바랐습니다.

하는 아이들은 이루 말할 수 없었지요. 마날라이사이는 케즈를 지지해 주었습니다.

더 많은 아이들에게 희망의 선물을 주고 싶어 안타까워하는 케즈에게 마날라이사이가 한 가지 제안을 했습니다.

"단체를 만들어 볼래? 그게 기부도 받고 다른 사람들의 도움을 받을 수 있는 방법이 될 테니 말이다."

케즈는 친구들 그리고 학교의 다른 아이들과 함께 곧 거리의 아이들 지원 위원회를 만들었습니다. 그리고 노란 티셔츠를 입어 자신들을 알렸지요. 한 팀은 신발, 과자, 옷, 칫솔, 비누, 장난감 들을 모았습니다. 또 다른 팀은 모은 물품들을 분류하여 종이 상자에 나누어 담았고, 또 한 팀은 그 꾸러미들을 나누어 주었습니다.

매주 학교 수업이 끝나면 케즈는 거리의 아이들을 불러 모아 손을 씻는 법, 양치질하는 법, 작은 상처를 치료하는 법 등을 알려 주었습니다. 제대로 이해한 아이들은 다른 아이들을 가르쳤지요.

세상을 바꾸다

케즈는 힘겹게 자신의 과거를 극복했고, 몇 년 만에 자신처럼 학대와 폭력에 시달리던 수천 명 아이들의 생활을 변화시켰습니다. 그리고 2012년, 겨우 열세 살의 나이로 국제아동인권평화상을 수상하게 되었습니다.

제1회 국제아동인권평화상을 수상한 남아프리카의 소년 코지를 기리기 위해 '코지'라는 이름을 붙인 국제아동인권평화상의 트로피는 어린아이임에도 세상을 움직일 수 있는 하나의 가치를 더욱 드높이는 데 기여한 아동을 상징한다.

"전 세계 모든 아이들에게 하고 싶은 말은 결코 희망을 잃어서는 안 된다는 것입니다."

케즈는 수상 트로피를 흔들며 말했지요.

국제아동인권평화상을 수상함으로써 케즈는 거리의 아이들에 대한 봉사 활동을 계속할 수 있었고, 학업도 이어 갈 수 있었습니다. 케즈는 커서 의사가 되고 싶어 합니다.

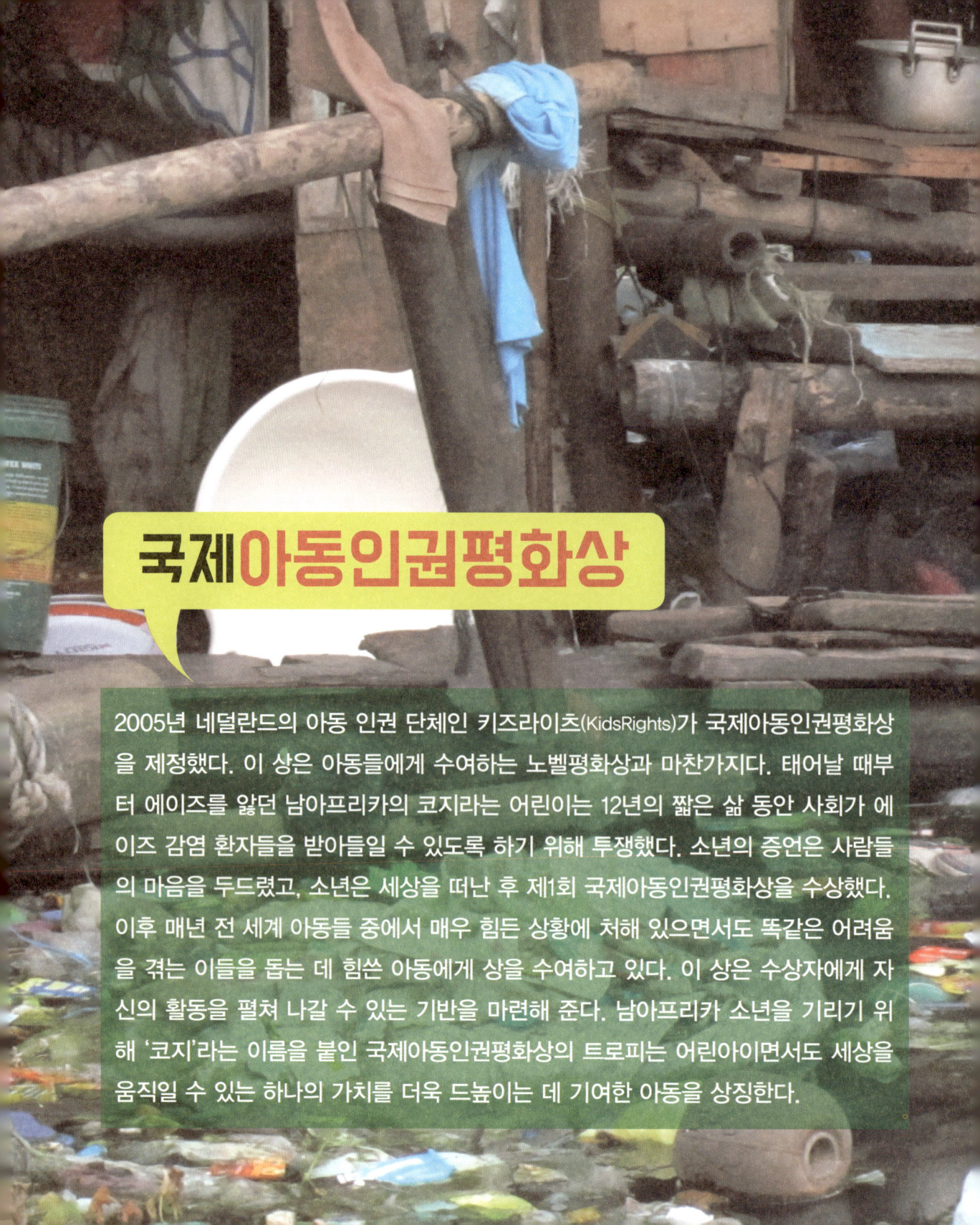

국제 아동인권평화상

2005년 네덜란드의 아동 인권 단체인 키즈라이츠(KidsRights)가 국제아동인권평화상을 제정했다. 이 상은 아동들에게 수여하는 노벨평화상과 마찬가지다. 태어날 때부터 에이즈를 앓던 남아프리카의 코지라는 어린이는 12년의 짧은 삶 동안 사회가 에이즈 감염 환자들을 받아들일 수 있도록 하기 위해 투쟁했다. 소년의 증언은 사람들의 마음을 두드렸고, 소년은 세상을 떠난 후 제1회 국제아동인권평화상을 수상했다. 이후 매년 전 세계 아동들 중에서 매우 힘든 상황에 처해 있으면서도 똑같은 어려움을 겪는 이들을 돕는 데 힘쓴 아동에게 상을 수여하고 있다. 이 상은 수상자에게 자신의 활동을 펼쳐 나갈 수 있는 기반을 마련해 준다. 남아프리카 소년을 기리기 위해 '코지'라는 이름을 붙인 국제아동인권평화상의 트로피는 어린아이면서도 세상을 움직일 수 있는 하나의 가치를 더욱 드높이는 데 기여한 아동을 상징한다.

마닐라 빈민촌의 열악한 생활

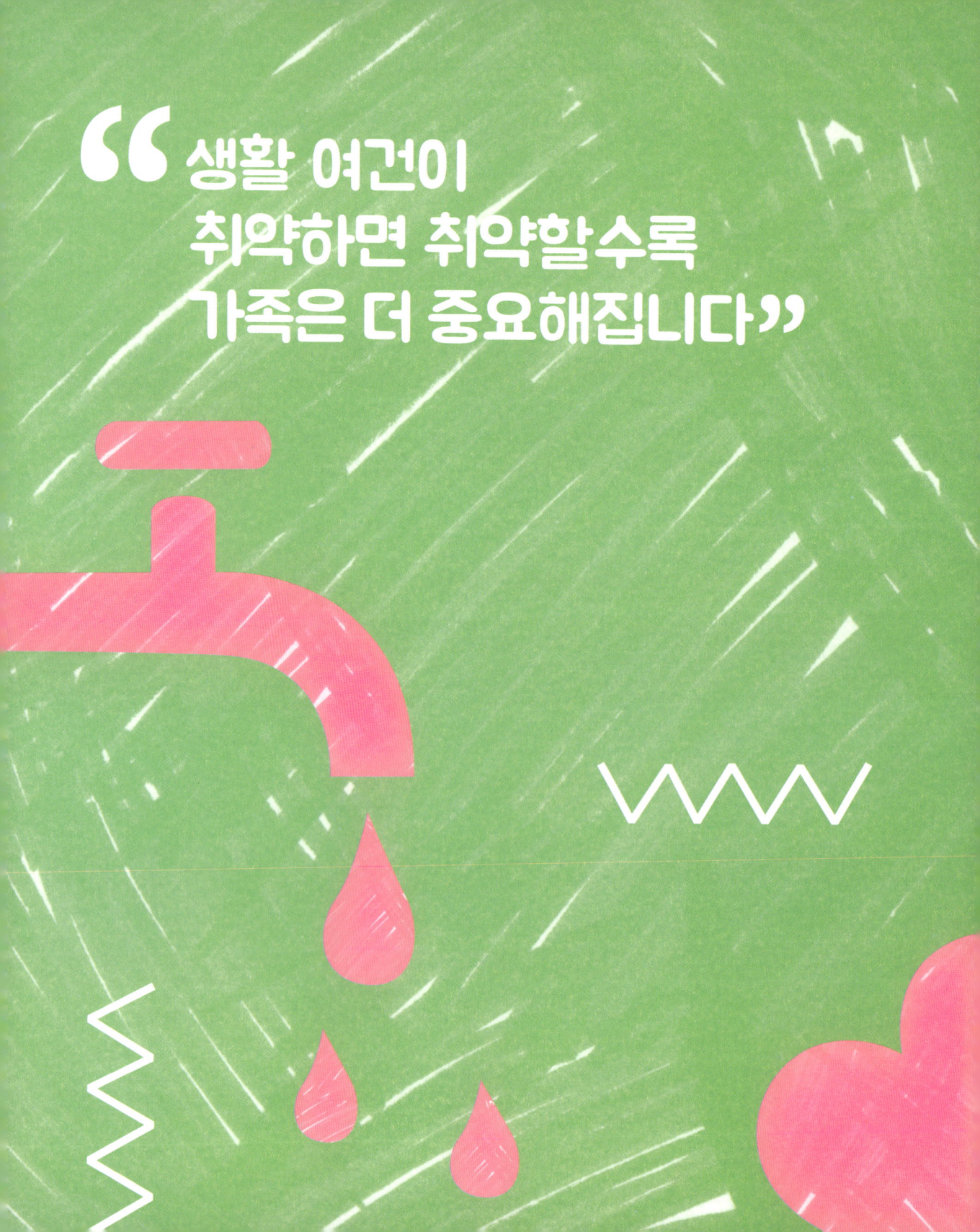

산드라

빈민촌을 바꾸다

Sandra Liliana Sanchez

이름 : 산드라 릴리아나 산체스
출생 : 1985년 5월 28일, 콜롬비아 보고타 남부
국적 : 콜롬비아
앞으로 하고 싶은 일 : 변호사
쓴 책 : 《보고타의 잊혀진 사람들》

40년 전부터 콜롬비아는 내전에 시달리고 있었습니다. 정부군과 무장한 반정부군은 매일같이 싸웠습니다. 두 진영 사이에 낀 민간인들은 너무나 위험해진 농촌에서 피난을 가야만 했지요. 그들은 수도인 보고타의 빈민촌으로 몸을 피했고, 그 빈민촌에서 갈 곳을 잃은 수많은 사람들과 섞여 살게 되었습니다.

산드라는 일곱 살 때에 가족과 함께 빈곤하기 짝이 없는 그런 동네들 중 하나에 도착했습니다. 소녀가 받은 충격은 이루 말할 수 없었습니다. 그러나 산드라는 주저앉지 않았습니다. 가난을 거부하며 빈민촌의 삶을 변화시키고 주민들 사이의 결속을 다지기 위해 행동했으니까요.

천국에서 또 다른 천국으로

짐 보따리를 둘러멘 네 사람이 아스팔트 길을 벗어나 진창길로 접어들었습니다. 두 살배기 여자아이를 안은 남자와 임산부, 그리고 일곱 살짜리 어린 여자아이는 두 시간째 걷고 있었습니다. 가장 부유한 사람들이 사는 북쪽에서 가난한 사람들이 모여 사는 남쪽까지 보고타 시를 가로지르는 데에 걸린 시간이었지요. 그리고 오르막길을 한 시간 더 걸어서야 아이들의 부모는 걸음을 멈추었습니다.

"마침내 다 왔구나."

막내를 바닥에 내려놓으며 아버지가 말했습니다.

"그런데 우리가 살 집은 어디 있어요?"

맏딸인 산드라가 불안해하며 물었습니다.

"이제 지어야지. 오늘 밤은 아쉬운 대로 비닐을 덮고 자야겠구나. 내일부터 일을 시작하자꾸나."

이럴 수는 없습니다. 산드라는 믿을 수 없었습니다. 눈앞에 펼쳐진 지저분한 이 동네에서 살려고 할아버지 집을 나온 건 아니니까요! 어렵긴 했어도 산드라는 행복한 유년 시절을 보냈습니다. 아버지가 일자리를 구하는 것이 점점 더 어려워지자 가족은 할아버지 집에 얹혀살아야만 했습니다. 산드라는 할아버지가 들려주는 조국에 관한 이야기들을 좋아했습니다. 학교가 끝난 뒤에는 사촌들과 함께 들판에서 뛰어놀며 즐거운 시간을 보내곤 했지요. 그러나 산드라의 가족은 할아버지에게 짐이 되었습

니다. 그리고 얼마 뒤 그곳을 떠나야만 했지요.

천국 속 지옥

'천국'이라는 뜻의 '엘 파라디소'가 산드라의 가족이 사는 빈민촌의 이름이었습니다. 산드라는 덜컥 겁이 났습니다. 주변에는 온통 대나무와 비닐로 만든 집들뿐이었습니다. 좀 좋아 보인다 하는 집들도 벽돌과 함석으로 만들어져 빼곡하게 포개져 있었습니다. 바닥에는 오물이 널려 있고, 좁은 골목길은 진창이었습니다. 전기도 들어오지 않고 수돗물도 나오지

앉았지요.

  가장 큰 문제는 물이었습니다. 1킬로미터나 떨어진 냇가로 물을 길으러 가야만 했으니까요. 학교도 사정은 다르지 않았습니다. 벽돌로 사면을 둘러치고 창문 대신 비닐 덮개를 걸쳐 놓은 것이 전부였습니다. 전기도 들어오지 않는 두 개의 교실에는 200명의 아이들이 빽빽하게 들어찼습니다. 아이들은 몇 개월 학교를 다니다가 소소한 일거리를 찾아 거리로 나가기 일쑤였습니다. 몇 푼이라도 버는 것이 그나마 아무것도 벌지 못하는 것보다는 나았으니까요. 산드라는 자신이 다니던 시골의 아름다운 학교가 너무나도 그리웠습니다!

엘 파라디소에서는
자신의 빵을 나누어 주는 법이 없다

쉬는 시간에 어린 소녀 산드라는 자기 반 남자아이들이 축구 하는 모습을 구경하고 있었습니다. 샌드위치를 먹기 위해 포장지를 벗겨 바닥에 버렸지요. 엘 파라디소에는 휴지통이 없으니까요. 사내아이 한 명이 그 모습을 보고 달려와 포장지에 달라붙은 빵 부스러기를 핥아 먹고는 다시 축구를 하러 갔습니다. 수업이 끝난 후, 산드라는 그 아이를 다시 만났습니다.

"너는 왜 샌드위치 좀 달라고 하지 않았니?"

"왜? 그러면 좀 주기라도 하게?"

사내아이는 빈정거리면서 대답했습니다.

"당연하지. 두 조각이나 있었는데!"

"엘 파라디소에서는 자신의 빵을 나누어 주는 법이 없어."

사내아이는 아무렇지 않게 말했습니다.

9세, 활동을 시작하다

사내아이의 그 말에 산드라는 마치 감전된 듯했습니다. 갑자기 같은 반 친구들이 달라 보였습니다. 어떤 아이의 눈에서는 배고픔이 묻어났습니다. 그러나 직접 배고픔을 겪어 보지 않고서는 결코 쉽사리 알아챌 수 없

주변에는 온통 대나무와
비닐로 만든 집들뿐이었습니다.
바닥에는 오물이 널려 있고,
좁은 골목길은 진창이었습니다.
전기도 들어오지 않고
수돗물도 나오지 않았지요.

콜롬비아 보고타의 빈민촌

는 그런 눈빛이었지요. 또 다른 아이는 글을 쓸 노트조차 없었습니다.

산드라는 결심했습니다. 이런 상황과 맞서 싸우기로요. 각자 혼자서 싸우기보다는 여럿이 함께 하는 것이 필요했습니다. 몇 달 만에 산드라는 학교에서 꽤 유명해졌고, 학생 회장으로 뽑혔습니다. 그리고 이제 학교와 정부 사이를 연결하는 매개자가 되었습니다. 겨우 아홉 살인데? 나이는 아무 상관 없었습니다.

산드라는 행정부처에 편지를 썼습니다. 직접 담당자들을 만나러 다니기도 했습니다. 결과는 매우 빠르게 나타났습니다. 학교에 문과 창문이 생겼고, 수돗물이 나오게 되었으며, 더 많은 교사들이 오고, 심지어 컴퓨터까지 놓이게 되었습니다! 산드라는 시청의 도움을 받아 축제를 기획하고 열었습니다. 학교의 지원으로 어린아이들에게 크리스마스 선물까지 줄 수 있었지요.

여러 세대를 한데 묶다

어느 날 오후, 학교에서 돌아오던 산드라는 왜소한 몸집에 우스꽝스러운 모자를 쓰고 커다란 안경을 낀 할머니가 지팡이를 들고 궤짝에 앉아 있는 모습을 보았습니다. 마가리타 할머니는 이웃 사람들이 자신의 집 공사를 마무리하는 동안 그렇게 앉아 기다리고 있었지요. 하루 이틀 사흘, 인내심을 가지고 기다렸습니다. 산드라는 마음을 먹고 할머니에게 다가가 말을 걸었습니다. 며칠 사이에 두 사람은 친해져 친구가 되었습니다.

어느 금요일 저녁, 산드라는 불현듯 좋은 생각이 떠올랐습니다. 그래서 마가리타 할머니에게 물었습니다.

"마가리타 할머니, 우리 집에 가서 저녁식사 같이 하실래요?"

오랜만에 '가족적인' 식사를 마치고 집으로 돌아가면서, 마가리타 할머니는 산드라를 꼭 안아 주었습니다.

"산드라, 넌 오늘 저녁 내가 얼마나 행복한지 모를 거다. 난 매일이 이 금요일만 같았으면 좋겠구나."

산드라에게 그 말은 계시와도 같았습니다. 엘 파라디소에서 아홉 살 소녀 산드라가 해야 할 가장 중요한 임무가 정해진 것입니다. 그것은 바로 하루 종일 아무와도 말을 나누지 못하는 노인들과 가족을 잃은 어린 아이들을 서로 맺어 주는 일이었습니다.

이제 매주 금요일이면 마가리타 할머니는 다른 노인들을 초대했고, 아이들 또한 노인들과 자리를 함께했습니다. 산드라는 점차 가족들에게 버림받은 노인들의 슬픔을 알게 되었습니다. 하지만 시간이 갈수록 산드라의 집은 많은 사람들과 슬픔을 나누기에는 비좁기 짝이 없었습니다. 새로운 도전, 복잡하고 새로운 과정들이 시작되었습니다.

2년 후 '오아시스'라는 공동 회관이 세상에 빛을 보게 되었습니다. 그곳에서는 하루에 한 끼 식사를 제공하고, 대화를 나누고, 서로 자신의 경험담을 들려주고, 악기를 연주하기도 했습니다. 노인들은 자신의 지식을 어린아이들에게 전했고, 아이들은 노인들에게 삶의 흥미를 다시 느끼게 해 주었지요.

활동을 위해 공부하다

산드라는 이제 성인이 되었습니다. 그녀는 자신이 하던 봉사 활동을 계속 이어 나가 줄 사람들을 찾을 수 있었습니다. 뜻을 같이하는 그들에게 봉사 활동을 맡기고, 산드라는 공부에 전념했습니다. 극빈층을 보호하기 위해 변호사가 되는 것, 그것이 산드라의 목표가 되었습니다.

엘 파라디소에서 아홉 살 소녀
산드라가 해야 할 가장 중요한 임무가
정해진 것입니다.
그것은 바로 하루 종일 아무와도 말을 나누지 못하는
노인들과 가족을 잃은 어린아이들을
서로 맺어 주는 일이었습니다.

시의 북쪽에는 부유층 사람들이, 시의 남쪽에는 빈곤층 사람들이 살아가는 콜롬비아의 보고타 시

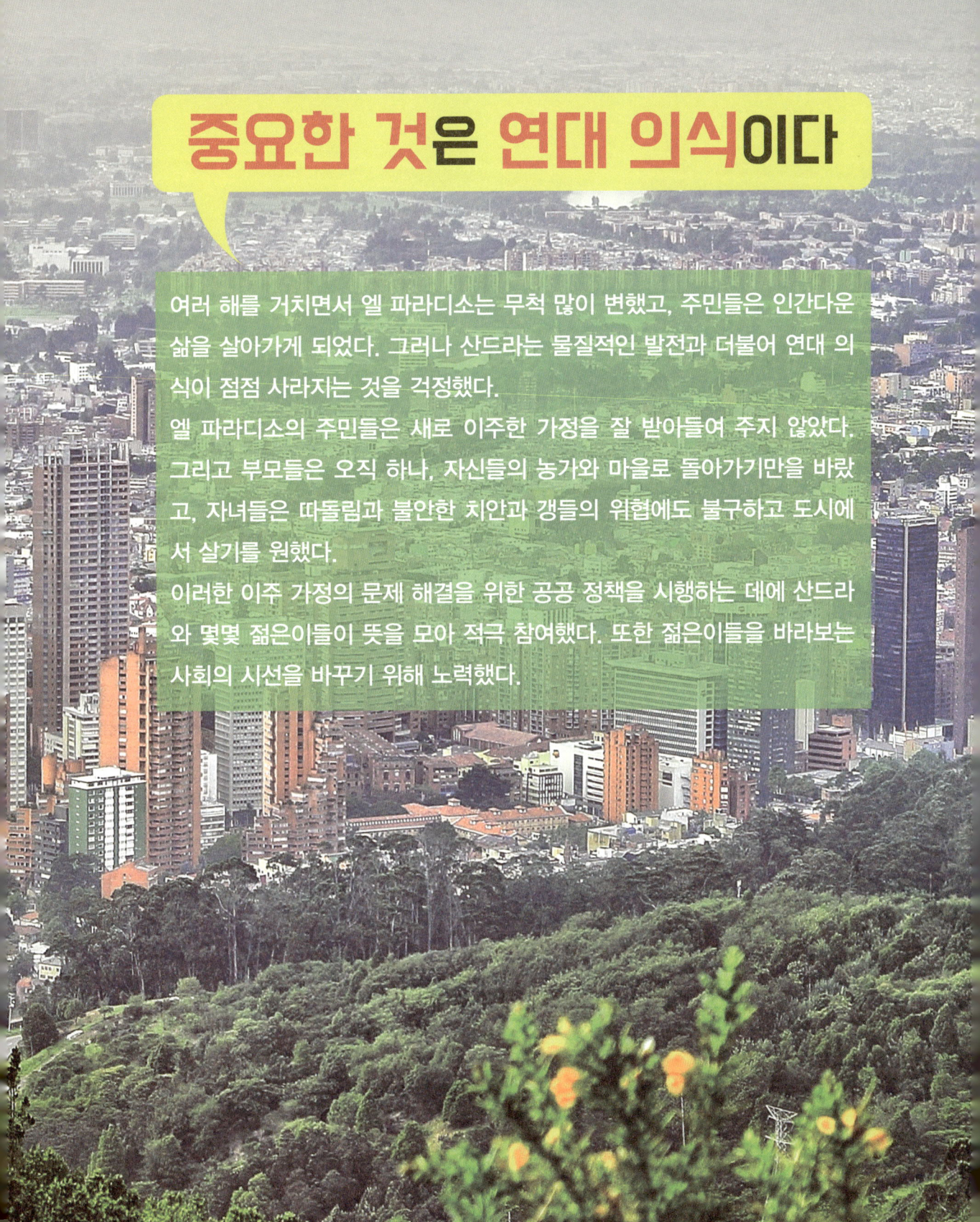

중요한 것은 연대 의식이다

여러 해를 거치면서 엘 파라디소는 무척 많이 변했고, 주민들은 인간다운 삶을 살아가게 되었다. 그러나 산드라는 물질적인 발전과 더불어 연대 의식이 점점 사라지는 것을 걱정했다.

엘 파라디소의 주민들은 새로 이주한 가정을 잘 받아들여 주지 않았다. 그리고 부모들은 오직 하나, 자신들의 농가와 마을로 돌아가기만을 바랐고, 자녀들은 따돌림과 불안한 치안과 갱들의 위협에도 불구하고 도시에서 살기를 원했다.

이러한 이주 가정의 문제 해결을 위한 공공 정책을 시행하는 데에 산드라와 몇몇 젊은이들이 뜻을 모아 적극 참여했다. 또한 젊은이들을 바라보는 사회의 시선을 바꾸기 위해 노력했다.

옴

노예가 된 아이들을 해방시키다

이름 : 옴 프라카쉬 귀르자

출생 : 1992년 7월 3일, 인도 라자스탄 마을

국적 : 인도

앞으로 하고 싶은 일 : 지역의 지도자가 되어 모든 아이들을 노예 상태에서 해방시키고, 아동의 권리가 더욱 존중받는 세상을 만들고 싶다.

국제아동인권평화상 수상

인도 북서부에 위치한 라자스탄 마을은 항상 수천 명의 관광객들이 몰리는 곳입니다. 풍요로움이 흘러넘치는 고대 인도의 왕 마하라자가 살던 고장으로 알려져 있지요. 하지만 현실은 그렇게 멋지지 않습니다. 밭이나 농가, 작업장과 시멘트 공장, 옷감이나 양탄자를 짜는 공방 등 어디에서나 보잘것없는 노동의 대가를 받으며 일하는 아이들과 마주치게 됩니다. 심지어 어떤 아이들은 돈을 전혀 받지 못합니다. 그 아이들은 노예입니다. 공방이나 밭을 소유한 사람들은 노예 아이들을 이용해 자신들의 부를 늘리고 있었습니다.

옴도 그런 노예 아이들 중 한 명이었습니다. 여덟 살이 되어서야 풀려난 옴은 학교에 다니며, 노예 상태에 놓인 아이들을 해방시키기 위해 자신만의 싸움을 시작했습니다.

노예 아동

"옴, 우리는 너희 부모님과 네 주인을 만나 보았다. 이제 되었다! 넌 자유다!"

땅만 내려다보고 있던 소년은 천천히 고개를 들었습니다. 그리고 자신에게 믿을 수 없는 소식을 전해 준 사람을 보았습니다. 자유라고? 어떻게 이럴 수가 있지?

다른 많은 아이들처럼 옴도 노예 아동이었습니다. 겨우 다섯 살 때인 어느 날, 누군가 옴의 부모를 찾아와 아이를 농장으로 데리고 갔습니다. 그때부터 하루에 겨우 두 끼를 먹으며 아침부터 저녁까지 가축을 돌보고 씨를 뿌리고 수확을 해야 했습니다. 그리고 조금만 잘못해도 매질을 당해야 했지요. 아무도 아이에게 소작농*인 소년의 아버지가 땅 주인에게 빚을 졌다고 설명해 주지 않았습니다. 빚을 갚기 위해 아버지는 한 푼도 받지 못한 채 자녀들과 함께 주인집 일을 해야만 했습니다. 그것은 진정한 노예 생활이었습니다.

*소작농은 대가를 지불하고 다른 사람의 땅을 빌려서 농사를 짓는 것이나 그런 농사를 짓는 사람을 이르는 말이다.

해방

옴이 농장에서 일한 지 3년이 되던 해에 한 남자가 옴의 부모를 찾아왔습니다.

"댁의 아드님은 일을 하기에는 너무 어립니다. 게다가 보수도 받지 못

하고 있지요! 아동 노동은 법으로 금지되어 있다는 걸 모르십니까? 아이는 집으로 돌아와 이곳에서 살며 학교에 다녀야 합니다."

그 사람은 '아동을 구원하라'라는 단체에 소속된 자원봉사자였습니다. 방방곡곡을 돌아다니며 노예 아동들을 해방시키기 위해 힘쓰고 있었지요.

"그건 불가능합니다. 아이를 고용한 사람은 우리 주인입니다. 나는 아직도 많은 돈을 빚지고 있단 말입니다. 만일 옴을 집으로 데려온다면 주인이 화를 내겠지요."

  옴의 아버지에게서는 무기력한 대답만 돌아왔습니다.
  하지만 자원봉사자는 주눅 들지 않고 고집스럽게 옴의 부모와 땅 주인을 찾아갔습니다. 긴 논의 끝에 마침내 땅 주인은 아이를 풀어 주는 데에 동의했습니다. 그 단체는 아이의 교육을 책임지겠다고 제안하기도 했지요.

발 아쉬람

옴은 노예 생활에서 풀려난 뒤, 노동 착취를 당했거나 학대를 받은 아이들을 돌보는 숙소인 발 아쉬람에 도착했습니다. 아이들은 그곳에서 몇 달 혹은 몇 년을 지내며 교육을 받고 자신감을 되찾아 갔습니다. 옴은 그곳 어린이회 회장이 되었습니다. 그리고 6개월마다 한 번씩 자신의 집으로 돌아가 부모님과 열 명의 형제자매들을 만나곤 했지요.

무상 학교

옴은 배우고 싶어 안달이었지만, 옴이 입학하고 싶어 하는 공립 학교는 교재비와 기숙사비 명목으로 부모에게 100루피*를 요구했습니다. 이것은 법에 어긋나는 일이었습니다. 인도에서 공공 교육은 무상으로 이루어지고 있으니까요. 어린 소년은 변호사를 찾아갔습니다.

루피는 인도의 화폐 단위다. 1루피는 17원가량이다.

"학교에서 부모님께 돈을 내라고 하는데요. 그건 불법이 아닌가요?"

"네 말이 맞다, 옴. 학교는 무상이어야 한단다. 같은 처지에 있는 다른 아이들을 알고 있니?"

변호사가 되물었습니다.

"많아요!"

"그러면 우리 이렇게 하도록 하자. 우선 너는 탄원서에 같은 처지에 있는 모든 아이들의 서명을 받아 오도록 해라. 그러면 우리가 그걸 라자스탄 법원에 보내도록 하마. 법은 마땅히 존중되어야 하지."

옴이 다니는 학교의 학생 200명이 탄원서에 서명했습니다. 그리고 학교는 학부모들에게 돈을 환불하라는 판결이 내려졌지요. 옴은 거기서 그치지 않고 다른 학교들까지 돌아다니며 교장들과 당국을 상대로 싸웠습니다. 그 운동은 널리 확산되었고, 어느 날인가부터 라자스탄의 모든 공립 학교들이 아이들의 등록금을 받지 않게 되었습니다! 옴은 자랑스러웠습니다. 자신이 거둔 최초의 승리였으니까요.

유령 아동들

인도의 많은 아이들은 출생증명서가 없었습니다. 정부의 입장에서 보면, 그 아이들은 존재하지 않는 "유령 아동들"이었지요. 그 때문에 아동 착취가 너무나 쉬웠던 것입니다.

옴은 출생 등록 홍보를 벌였습니다. 몇 달 만에 500명 이상의 소년 소녀들이 그 말 많은 증명서를 받았습니다. 자신의 나이를 증명할 수 있다는 것은 노예제, 불법 거래 혹은 강제 혼인으로부터 아이들이 스스로를 보호할 수 있는 울타리가 되어 줍니다. 비록 그 싸움은 아직 끝나지 않았지만, 그것이 두 번째 승리였습니다.

그러나 옴은 자신이 노예로 지냈던 그 몇 해를 잊지 않았고, 아이들이 일하는 것을 더 이상 두고 보지 못했습니다. 자신을 구해 준 단체의 자원

옴은 다른 학교들까지 돌아다니며 교장들과 당국을 상대로 싸웠습니다. 어느 날인가부터 라자스탄의 모든 공립 학교들이 아이들의 등록금을 받지 않게 되었습니다!

아동 노동에서 구제된 인도의 아이들이 6월 12일 세계 어린이 노동 반대의 날에 "어린이는 노동이 아니라 공부를 해야 해요"라고 적힌 문구를 들고 시위를 벌이고 있다.

봉사자들과 함께 스스로 거대한 임무, 즉 그러한 아이들을 해방시키는 일에 뛰어들었습니다. 옴은 도처에서 아동 노동을 금지하는 법이 있다는 것을 모르는 체하는 무심한 공무원들과 맞부딪쳤습니다. 다행히도 하나의 연계 조직이 생겨났습니다. 아동에게 노동을 시키는 것이 금지된 "아이들의 친구 마을"이라는 연계 조직입니다. 옴은 자신의 고향 마을을 떠올렸습니다. 그리고 그 마을을 연계 조직에 포함시키는 데에 성공했습니다. 이제 옴의 형제자매들 모두 학교에 다닐 수 있게 되었습니다.

옴의 사회 참여 활동은 점점 더 널리 알려져 마침내 2006년 국제아동인권평화상을 수상하게 되었습니다.

옴은 현재 스무 살가량의 청년이 되었습니다. 학업을 계속하면서 인도와 네팔에서 여전히 자신의 활동을 이어 가고 있습니다. 그는 장차 자신이 사는 지역의 지도자가 되어 모든 아이들을 노예 상태에서 해방시키고 아동의 권리가 더욱 존중받는 그런 세상을 이루어 내고자 합니다.

유엔아동권리협약

많은 국가들이 1959년 발표된 아동 인권 선언을 인정했지만,
모두 다 그 원칙들을 적용하고 있지는 않다.
30년 후, 유엔아동권리협약이 만들어졌다.
협약에 서명한 국가들은 아동 인권을 존중할 의무를 지며,
아동 보호가 더욱 효율적으로 되도록 위원회의 감시를 받는다.
1992년 인도는 그 협약에 서명했다.
전 세계 아이들 다섯 명 중 한 명이 인도에 살고 있다는 점을 볼 때
이는 매우 중요한 일이다.

자기 몸집만 한 자루를 힘겹게 옮기는 브라질의 소년

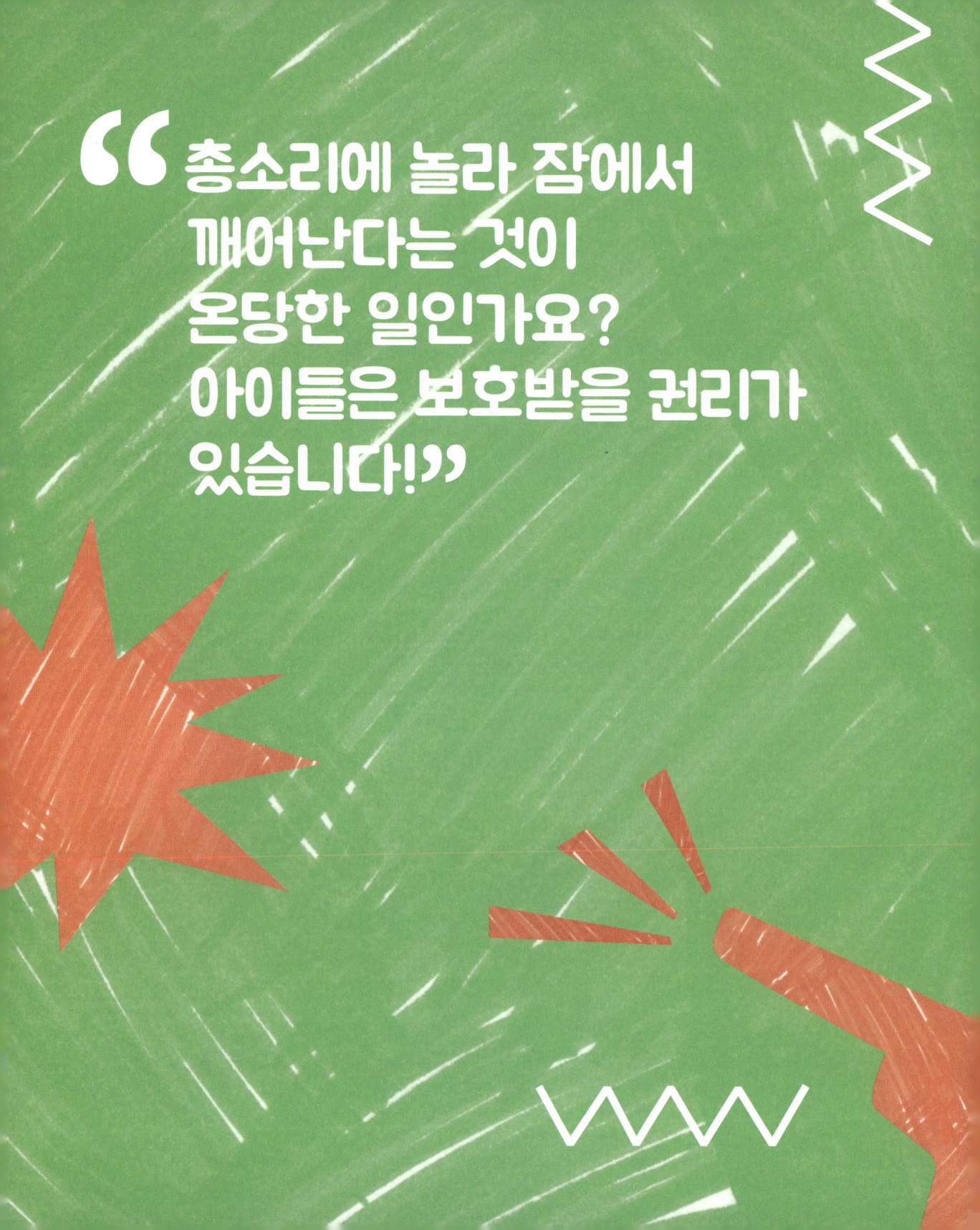

마이라

폭력에 맞서다

이름 : 마이라 아벨라 네브

출생 : 1991년경, 리우데자네이루의 빈민촌인 파벨라 데 빌라 크루제이루

국적 : 브라질

앞으로 하고 싶은 일 : 역사 교사

국제아동인권평화상 수상

브라질은 빈부 격차가 가장 큰 나라입니다. 인구 세 명 중 한 명 꼴로 도시 외곽에 형성된 빈민촌인 파벨라에서 살고 있지요. 이러한 파벨라에 사는 많은 사람들이 버스나 택시 운전기사, 가정부 혹은 경찰 등 다양한 직업을 갖고 일을 하지만 모두들 가난합니다. 다른 사람들이 볼 때, 파벨라는 사기와 무기 밀매, 마약 밀매가 판을 치는 곳일 뿐입니다.

리우데자네이루에 있는 파벨라 데 빌라 크루제이루는 브라질에서 가장 위험한 빈민촌 중 하나입니다. 마이라가 사는 곳이 바로 그곳이지요.

일상적인 폭력

가진 것이 거의 없고 학교에도 다니지 못할 때, 어린이들은 마약상의 심부름꾼이 되거나 범죄의 길로 빠질 위험이 큽니다. 그리고 그러한 동네에서는 폭력이 법을 대신합니다.

가난이 아니더라도 파벨라 데 빌라 크루제이루에서 산다는 것은 불가능했습니다. 마약 밀매를 하는 갱들이 자기들끼리 전쟁을 벌이고, 자신들을 몰아내려는 경찰들에게 총질을 해 대기 때문이었지요. 서로 총질을 해 대는 양 진영 사이에 낀 주민들은 집 안에 웅크리고 있을 수밖에 없었습니다. 매년 빗나간 총탄에 맞아 안타깝게 목숨을 잃은 아이들이 100명도 넘었습니다. 아이들이 희생당한 장소의 벽면에는 그렇게 죽어 간 아이들을 추모하기 위해 가족들이 이름을 새겨 놓았지요.

평화 행진을 하다

마이라는 이제 막 열다섯 살이 되었습니다. 빌라 크루제이루에서의 폭력은 절정에 달했지요. 경찰은 밀매 단체에 대한 대대적인 소탕 작전을 벌이기로 결정했고, 방어벽이 설치되었습니다. 더 이상 외부의 교사들과 의사들은 빈민촌으로 들어올 수 없었고, 학교 수업도 중단되었습니다.

집 안에 갇힌 마이라는 분노했습니다. 갱과 경찰 사이의 전쟁 때문에 학생들이 집에 갇혀 있어야 한다는 것이 부당하다고 생각했으니까요. 마

　이라는 항의를 해야 한다고 생각했고, 곧바로 행동으로 옮겨 학생 시위를 조직했습니다.

　시위 행렬은 완전 무장한 경찰 앞을 지나가야 했기 때문에 위험하기 짝이 없었습니다. 하지만 처음 몇 명의 학생들이 행진을 시작하자마자 곧 다른 학생들도 물밀듯이 거리로 쏟아져 나와 시위에 합류했습니다. 학생들의 시위는 전 세계를 깜짝 놀라게 했습니다. 아이들이 이겼습니다. 경찰은 학교 수업 시간 중에는 진압을 하지 않기로 했고, 학교는 다시 문을 열 수 있었습니다.

　마이라는 시위의 힘을 깨닫고 다음 해에 두 번째 시위를 시작했습니다. 300명 이상의 사람들이 거리 행진을 했지요. 어른들, 아이들, 빈민촌의 주민들은 물론 좀 더 나은 동네에 사는 사람들도 참여하여 다른 지역

주민들의 권리와 똑같은 빈민촌 주민들의 권리를 요구했습니다. 두 번째도 성공이었습니다. 정부는 어쩔 수 없이 움직여야 했고, 오래전부터 약속했던 필요한 시설들을 설치해 주었습니다.

모두를 위한 문화

마이라는 교육을 받지 않고는 가난에서 벗어날 수 없다는 것을 알았습니다. 문화란 단지 학교 교육에 그치는 것이 아니라, 예술, 영화, 연극, 무용 등 깊이 생각하고, 상상하고 또 다른 삶이 가능하다는 것을 믿게 하는 모든 것이었습니다.

그리하여 마이라는 빌라 크루제이루에 있는 자신의 작은 방에 영화관

동등한 권리를 위해 거리로 나온
브라질 빈민촌 사람들

어른들, 아이들, 빈민촌의 주민들은 물론 좀 더 나은 동네에 사는 사람들도 참여하여 다른 지역 주민들의 권리와 똑같은 빈민촌 주민들의 권리를 요구했습니다.

을 만들었습니다. 한 달에 한 번, 그곳에서 영화를 상영하고 토론회를 열었지요. 15세에서 18세가량의 청소년들이 대부분을 차지하는 영화 관람객들은 그 만남의 기회를 놓치지 않았습니다. 영화의 장점은 글을 읽고 쓸 줄 모른다 해도 누구나 내용을 이해할 수 있다는 점이었습니다.

마이라는 또한 극단에도 들어갔습니다. 어느 날 연출가가 단원들에게 알렸습니다.

"네덜란드의 한 극단이 우리 단원들 여섯 명을 자기네 나라에서 열리는 공연에 초청을 했다. 케냐, 인도, 가나에서도 무용수들이 올 거라고 하는구나."

처음으로 세계로 향하는 문이 그들 앞에 열렸습니다.

17세, 만남

마이라의 활동은 차츰차츰 파벨라를 변화시켰고, 그 공로로 2008년 국제아동인권평화상 수상자로 선정되었습니다. 그 상을 수상한 건 하나의 기회였습니다. 마이라는 영화 상영 장소를 개선할 수 있었고, 동네 전체가 그 혜택을 누리게 되었습니다.

또한 그 상은 빈민촌 주민들을 향한 사람들의 시선을 바꾸어 놓았습니다. 어린 브라질 소녀는 교육부 장관과 리우데자네이루 주지사를 만날 수 있었습니다. 그들은 전국에서 행해지는 교육의 질을 높이겠다고 약속했지요. 마이라는 또한 남아프리카 공화국의 요하네스버그에 초청받아 국가 발전에 관한 국제 학술회의*에도 참석했습니다.

> 요하네스버그 국제 학술회의는 새천년 개발 목표(MDGs)를 말한다. 2000년에 유엔에서 채택된 의제로서, 2015년까지 세계의 빈곤을 절반으로 줄인다는 목표를 가지고 있다.

대학

부모님은 파벨라를 떠나 시내 다른 곳에 가서 살라고 했지만, 마이라는 거부했습니다. 마이라는 나중에 역사를 가르치고 싶었습니다. 그래서 역사 공부를 시작했습니다. 과거를 기억함으로써 한 나라가 똑같은 잘못을 되풀이하지 않고 앞으로 나아갈 수 있다고 생각했으니까요.

문화란 단지 학교 교육에 그치는 것이 아니라, 예술, 영화, 연극, 무용 등 깊이 생각하고, 상상하고 또 다른 삶이 가능하다는 것을 믿게 하는 모든 것이었습니다.

축구, 올림픽과 빈곤

브라질 사람들은 자부심을 느꼈다. 자신들의 조국이 2014년 월드컵 축구 경기와 2016년 올림픽 유치 국가로 선정된 것에 대해서 말이다. 그전에 파벨라의 밀매꾼들을 쫓아내야 했다. 모든 수단이 총동원되었다. 군대, 헬리콥터, 장갑차 등등. 마치 진짜 전쟁을 치르는 듯한 장면들이 펼쳐졌다. 이제는 거리들이 훨씬 평온해졌지만, 상황이 철저하게 바뀌기 위해서는 군사 활동 이상의 것이 필요했다.

아직도 브라질의 많은 사람들이 최저 생계비에도 못 미치는 금액으로 살아가고 있는데, 스포츠 시설을 세우는 데 어마어마한 돈이 쓰인다니 온 국민들은 충격을 받았다.

보란 듯이 벌이는 이러한 행사들이 과연 브라질 국민들에게 얼마나 도움이 될까?

브라질 리우데자네이루 마라카낭 올림픽 주경기장의
대형 오륜 마크 너머로 보이는 리우의 빈민촌 파벨라

"난민촌에서
살아간다는 것은
미래 없이 성장한다는
뜻입니다"

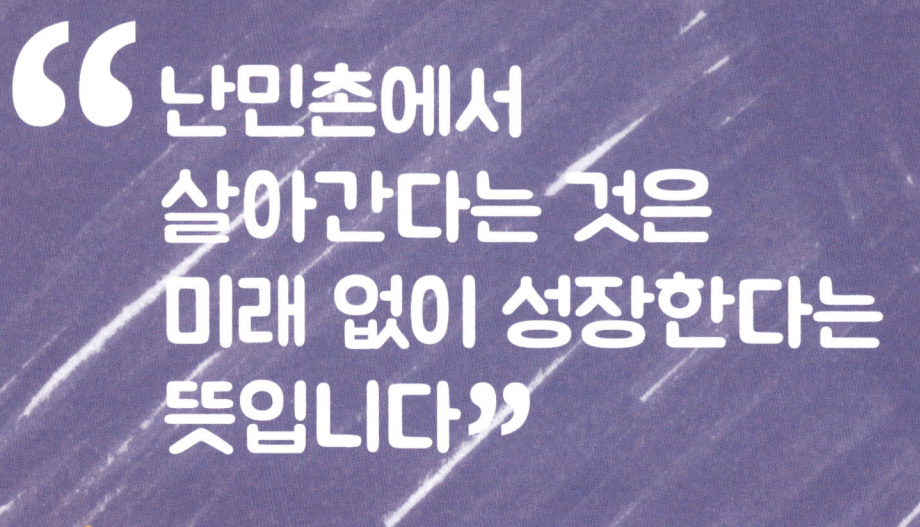

바루아니

난민 아이들을 대변하다

이름 : 바루아니 두메

출생 : 1993년경, 콩고

국적 : 콩고

앞으로 하고 싶은 일 : 기자가 되어 지켜져야 할 어린이 인권에 대해 전 세계에 알리고 싶다.

국제아동인권평화상 수상

자이르, 벨기에령 콩고, 콩고-킨샤사, 콩고 민주 공화국(혹은 RDC). 한 나라의 이름이 이렇게 여러 번 바뀐 것은 그 나라의 파란만장한 역사를 잘 보여 줍니다. 아프리카의 중심부에 위치한 이 나라는 이웃 국가들과의 분쟁으로 끊임없이 영향을 받았습니다. 또한 콩고 인들끼리도 서로 다툼이 끊이지 않았지요. 도처에 공포가 지배하고 있었습니다.

끊임없는 전쟁으로 발칵 뒤집힌 이 나라에서 바루아니가 태어났습니다. 일곱 살의 나이에 소년은 집과 가족, 그 모든 것을 잃었습니다. 그리고 피신해 있던 수용소에서 고통을 치유하기 위해서는 그 고통을 말로 표현하는 것이 중요하다는 것을 깨달았습니다. 희망의 방송을 통해, 소년은 다른 난민 아이들에 대해 말했습니다.

피난

1998년 콩고 민주 공화국의 남키부 지역, 겁에 질린 바루아니는 곧장 앞으로 달려 도망쳤습니다. 일곱 살의 소년은 끔찍한 사건을 겪었습니다. 소년이 사는 마을에 군인들이 들이닥쳐 어머니와 다른 주민들과 함께 그를 집에 가두고 불을 질렀습니다. 다행히 몸집이 작은 바루아니는 틈새로 빠져나와 도망칠 수 있었습니다. 소년은 달리고 또 달렸습니다. 바루아니처럼 구사일생으로 마을을 빠져나오는 데에 성공한 노인이 소년을 맡아 돌봐 주었습니다.

멈출 줄 모르고 한참 걸은 끝에 멀리 탕가니카 호수가 눈에 들어왔습니다. 호수 건너편은 탄자니아였습니다. 그곳에 가면 살 수 있었습니다. 그곳에 있는 난민 캠프에서는 자기 나라의 폭력을 피해 도망쳐 온 사람들을 받아 주었으니까요. 기진맥진한 소년과 노인에게 해결책은 단 하나뿐이었습니다. 그 캠프들 중 하나에 자리를 잡는 것.

난민 캠프

바루아니는 아직도 충격에서 헤어나지 못하고 있었습니다. 가족들이 모두 죽었기 때문에 생활 규칙도 모르는 캠프에서 살아야만 했으니까요. 처음에는 어찌해야 할지 몰랐습니다. 겨우 그곳 생활에 익숙해지나 싶었는데, 노인이 자신의 딸과 함께 있기 위해 다른 캠프로 옮겨 가면서 바루

호수 건너편은
탄자니아였습니다.
그곳에 가면 살 수 있었습니다.
그곳에 있는 난민 캠프에서는
자기 나라의 폭력을 피해
도망쳐 온 사람들을
받아 주었으니까요.

콩고의 난민들

아니도 거처를 옮겨야만 했습니다.

사실 새로운 피난처에는 위험이 가득했습니다. 수 평방미터의 공간에 늘어선 대피소에는 그늘 하나 없었고, 도처에 빈곤함이 널려 있었습니다. 고아가 된 아이들을 보호자들이 거두어 주었지만 종종 아이들을 착취하거나 학대하기도 했습니다. 한 달에 한 번 식료품 배급이 있었지만, 턱없이 부족하기만 했습니다.

난민 캠프에 온 아이들은 모두 다 정신적으로 상처를 입은 상태였습니다. 몇몇 아이들은 눈앞에서 부모가 학살되는 모습을 목격했고, 또 다른 아이들은 공격당하는 순간 부모와 헤어졌습니다. 그들은 겁에 질려 있었고, 부모도 친구도 없이 버려졌다는 생각에 가슴 아파했습니다. 바루아니도 마찬가지였습니다. 새 캠프에 도착하자마자, 노인은 소년을 자신의 딸에게 맡겼습니다. 딸은 바루아니를 때렸고, 종종 밥을 주지 않거나 낡아 해진 옷을 주기도 했습니다. 그녀는 바루아니에게 자기 몸집만 한 나뭇단들을 옮기라고 시키기도 했습니다. 어린 소년이 옮기기에는 너무나 무거웠습니다. 바루아니는 다른 또래 아이들처럼 다른 방법이 없었기 때문에 그 모든 것을 묵묵히 받아들였습니다. 하지만 그 때문에 건강이 악화되었습니다. 그래서 종종 캠프 학교에도 가지 못했지요.

어느 날 한 단체의 자원봉사자들이 찾아와 아이들에게 아이들의 권리를 이야기해 주었습니다. 바루아니는 문득 자신이 맞서 싸워야 한다는 것을 깨달았지요. 자신이 매일 겪고 있는 일을 이야기한다는 것은 어려웠지만, 이 기회를 놓칠 수 없었습니다. 자원봉사자들은 바루아니의 보호

난민 캠프에 온 아이들은 모두 다
정신적으로 상처를 입은 상태였습니다.
몇몇 아이들은 눈앞에서
부모가 학살되는 모습을 목격했고,
또 다른 아이들은 공격당하는 순간
부모와 헤어졌습니다.

탄자니아의 브룬디 난민 캠프

자를 만나 보기로 했습니다. 그리고 노인의 딸에게 지금처럼 아이를 학대할 권리가 없음을 설명했습니다. 그때부터 바루아니의 생활은 좀 편해졌습니다.

희망의 방송

생활이 나아지자, 바루아니는 자기 주변에서 벌어지는 일에 관심을 갖기 시작했습니다. 캠프에는 어린이회가 있어서 자신들의 문제를 해결하려 하고 있었습니다. 어린이회 대표 선출에 바루아니가 후보로 나섰고, 결국 대표로 선출되었습니다. 살아오면서 처음으로 바루아니는 자부심

을 느꼈습니다.

하지만 사람들이 아이들의 말에 귀를 기울이도록 만들어야 했습니다. 바루아니는 특별한 수단이 필요하다고 생각했습니다. 그리고 생각해 냈습니다. 바로 방송의 힘을 이용하는 것이었지요.

10년 전쯤, 주변 국가들의 내전과 학살에서 살아남은 생존자들을 돕기 위해 예수회 신부들이 〈라디오 크위제라〉라는 라디오 방송을 만들었습니다. '희망의 방송'이라는 뜻이지요. 방송 프로그램 중 아이들을 위한 방송이 있었는데, 아이들이 직접 만들어 나가는 프로그램이었습니다. 바루아니는 적극적으로 나서 그 프로그램의 책임자로 선출되었습니다. 기자 팀에서 바루아니에게 장비를 빌려 주었고, 어떻게 사용해야 하는지도 자

세히 설명해 주었습니다.

〈아이들을 위한 아이들〉

〈아이들을 위한 아이들〉, 이것이 바로 아이들을 위한 방송 프로그램의 제목이었습니다. 바루아니는 어린이 리포터 팀을 꾸려서 캠프 곳곳을 돌아다니며 다른 아이들에게 어떤 어려움이 있는지 인터뷰를 하도록 했습니다.

> "부모님이 매일 내게 물을 길어 오라고 시켜요. 그런데 너무 멀고, 물동이를 가득 채우면 너무 무거워요. 물을 긷고 나면 수업 들으러 갈 힘도 없어요."
>
> "학교에 가 보면 책상도 의자도 없어서, 우리들이 직접 만들어야 해요. 게다가 각자 사용할 노트도 연필도 없고요."
>
> "나도 너무 힘들어서 학교에 갈 수 없어요. 그리고 항상 배가 고파요. 보호자가 내 몫의 식량을 받지만, 그걸 되팔아서 돈을 챙긴다니까요."

바루아니도 그런 경험이 있기 때문에 자신의 고통을 혼자만 간직한다는 것이 얼마나 힘든 일인지 잘 알고 있었습니다. 하지만 이렇게 공개적으로 자신의 속마음을 표현하면, 아이들은 자신감을 찾게 되고 자신들의 삶을 개선할 해결책들을 내놓기도 했습니다.

그다음에 어린 리포터들은 사무실로 돌아와 맞닥뜨린 문제들을 놓고 토론했습니다. 그리고 아이들의 증언을 녹음한 카세트테이프를 지역 방송국에 넘겼습니다. 방송국에서는 그 테이프를 방송했지요.

〈라디오 크위제라〉의 성공

일요일 오후, 바루아니는 캠프 안을 거닐고 있었습니다. 그러다 라디오를 들고 있는 사람들을 둘러싼 군중들을 보았습니다. 바루아니의 방송이 나오는 시간이었습니다. 소년은 자신의 방송이 그렇게 큰 성공을 거두리라고는 예상하지 못했습니다. 그리고 차츰차츰 어른들의 태도가 변해 갔습니다.

라디오는 가끔 기적을 낳기도 했습니다. 아이들이 마이크에 다가와 자신의 이름, 마을 이름, 자신들이 겪은 사건들을 말하고, 혹시 자기 가족이나 친구들이 방송을 듣고 있느냐고 물었지요. 그 방송 프로그램 덕분에 아이들은 뿔뿔이 헤어졌던 가족을 다시 만나기도 했습니다.

인정

열여섯 살이 되던 해에, 바루아니는 캠프 내 아동들의 생활을 눈에 띄게 개선시킨 공로로 국제아동인권평화상을 수상하게 되었습니다. 얼마 후에는 2015년까지 인권을 개선하고자 하는 회의가 열리는 남아프리카공화국의 요하네스버그로 가게 되었지요. 바루아니는 거기서 자신과 마찬가지로 브라질의 리우데자네이루에서 초청된 마이라를 만났습니다. 바루아니는 영어 실력이 늘어 말을 하거나 발표할 때에 통역이 더 이상 필요 없었습니다.

바루아니는 여전히 라디오를 좋아했고, 라디오 방송에 대한 열정이 커 언젠가는 대학을 다니고 유명한 기자가 되기를 희망했습니다. 바루아니에게 있어 라디오는 아동들의 인권을 전 세계에 알리는 가장 효과적인 수단 중 하나입니다.

라디오는 가끔
기적을 낳기도 했습니다.
그 방송 프로그램 덕분에
아이들은 뿔뿔이 헤어졌던 가족을
다시 만나기도 했습니다.

새천년 개발 목표

마이라와 바루아니가 요하네스버그에서 참석한 회의는 새천년 개발 목표(MDGs : Millennium Development Goals) 회의다. 수많은 국가와 기관들이 2015년 이전까지 실현하고자 정한 목표들이다. 그 내용을 보면, 절대빈곤과 유아 사망률 감소, 에이즈 등 전염병 퇴치, 교육 기회 제공 및 양성 평등, 지구의 지속 가능한 발전 확보다.

비록 이 목표들을 달성하는 것이 쉬운 일은 아니지만, 상당한 진척이 있었다. 그리고 여러 국가들이 보다 효율적인 방법과 대책을 궁리하여 지구 환경 보호와 인권을 위해 '지속가능 개발 목표(Sustainable Development Goals : SDGs)'라는 새로운 목표를 세우는 동력이 되었다. 빈곤 종식, 교육 기회 확대, 양질의 일자리 제공, 인프라 구축 등 17개 항으로 구성된 지속가능 개발 목표는 2016년~2030년까지 전 세계가 주력할 새로운 목표이다.

탄자니아의 빈민촌

메모리
조혼에 맞서 싸우다

이름 : 메모리 반다
출생 : 1997년경
국적 : 말라위
앞으로 하고 싶은 일 : 변호사

말라위는 아프리카에 있는 작고 가난한 국가로, 전 세계에서 가장 가난한 나라 중 하나입니다. 주변에는 모잠비크, 잠비아, 그리고 바루아니를 받아 주었던 난민 캠프가 설치된 탄자니아가 있습니다. 말라위 동쪽으로는 커다란 호수가 펼쳐져 있습니다. 산들이 굽어보는 높은 고원에는 생계수단이 별로 없기 때문에 사람들은 말라위 남쪽 평야 지대에 밀집되어 있지요.

주민들은 작은 부족을 이루어 생활하고, 각각의 부족에서 제사장은 부족민들이 전통을 존중하고 지켜 나가도록 하는 일을 맡고 있습니다. 그렇지만 그 전통들 중 몇몇은 더 이상 존속되어서는 안 되는 것들입니다. 가령 갑자기 어린 소녀가 성인이 되었으니 혼인을 해야 한다고 결정을 내리는 전통 말입니다. 열세 살인 메모리는 그 전통을 거부했습니다.

산들이 굽어보는 높은 고원에는
생계수단이 별로 없기 때문에 사람들은
말라위 남쪽 평야 지대에 밀집되어 있지요.

말라위의 자연

13세의 성인

"메모리, 이제 너도 다 컸다. 성인식 캠프에 갈 때가 되었구나."

"엄마, 이미 말했잖아요. 그건 말도 안 된다고요."

"네 동생을 봐라. 걔는 너보다 어린데, 벌써 아이들이 있어!"

"난 공부를 계속할 거고 결혼하고 싶지 않아요."

"네 엄마 말이 맞다. 넌 거기 가야 해. 넌 왜 우리 부족 전통을 존중하지 않는 거니."

엄마 말에 이어 이모는 한술 더 떴습니다.

"난 싫어요!"

성인식 캠프

캠프…… 그 말만 들으면, 메모리는 가슴이 답답했습니다. 겨우 열한 살밖에 안 된 동생에게 어떤 일이 벌어졌는지 메모리는 결코 잊을 수가 없었습니다. 그날, 다짐했습니다. 자기 차례가 되면 꼭 거부하겠노라고요. 오늘 메모리는 열세 살이 되었고, 그 순간이 다가왔습니다. 주변의 반응은 늘 그렇듯 다르지 않았습니다. 어머니, 이모들, 이웃집 여자들이 메모리를 닦달했습니다.

"말도 안 되는 고집만 부리며 말을 듣지 않다니, 대체 네가 뭐라도 된단 말이냐?"

사방에서 비난이 빗발치듯했지만, 메모리는 끈질기게 버텼습니다. 절대 캠프에 가지 않겠다고!

말라위에는 세대에서 세대를 거쳐 전해 내려오는 전통들이 있습니다. 그중 하나는 어린 여자아이가 사춘기에 접어드는 나이가 되면 성인식 캠프에 들어야 하고, 그 캠프를 마치면 성인으로 간주한다는 것이었습니다. 하지만 성인식을 통해 과연 소녀들은 무엇을 배우게 될까요? 그것은 장차 자신의 남편이 될 사람의 욕망을 채워 주는 방법입니다. 그 유명한 "특별한 날"이 될 때까지 매일같이 노파가 소녀들에게 성적 교합의 방법들을 설명해 줍니다. 그러다 그날이 되면 부족에서 한 남자를 선택해 보수를 주고, 모든 소녀들과 동침을 하게 합니다. 더 놀라운 건 여섯 살 혹은 일곱 살밖에 안 된 아이들까지 있다는 사실입니다. 어린 소녀들에게 그 얼마나 큰 정신적 충격이란 말입니까!

자유로운 생활의 종지부

그러한 관습의 결과는 끔찍했습니다. 캠프를 나와 집에 돌아오면 소녀들 중 몇몇은 에이즈 바이러스에 감염되기도 하고, 또 많은 소녀들이 임신을 합니다. 그러면 그 아이들을 강제로 결혼시키지요. 메모리의 동생에게 일어난 일이 바로 그러했습니다. 겨우 열한 살 나이에 동생은 한 아이의 엄마가 되었습니다. 그리고 선생님이 되기 위해 계속 공부하겠다는 꿈을 꾸던 동생은 금세 세 아이의 엄마가 되어 버렸습니다.

캠프를 나와 집에 돌아오면 소녀들 중 몇몇은
에이즈 바이러스에 감염되기도 하고,
또 많은 소녀들이 임신을 합니다.
그러면 그 아이들을 강제로 결혼시키지요.

〈나는 내가 원할 때 결혼할 거야〉

이 문장은 메모리의 친구들 중 한 명이 쓴 시의 제목입니다. 메모리는 그것을 자신의 좌우명으로 삼았습니다.

나는 내가 원할 때 결혼할 거야.

내 어머니가 나를 강제로 결혼시킬 수 없어.

내 아버지가 나를 강제로 결혼시킬 수 없어.

나의 삼촌, 나의 이모, 나의 형제나 자매가 나를 강제로 결혼시킬 수 없어.

세상 어느 누구도 나를 강제로 결혼시킬 수 없어.

나는 내가 원할 때 결혼할 거야.

나를 때리더라도, 나를 내쫓더라도, 나에게 고통을 줄지라도,

나는 내가 원할 때 결혼할 거야.

하지만 교육을 받기 전이나 다 자라기 전에는 절대 하지 않을 거야.

나는 내가 원할 때 결혼할 거야.

법을 바꾸다

　오래전부터 메모리는 자기 부족을 돕는 변호사가 되겠다는 꿈을 꾸었습니다. 하지만 성인이 되기도 전에 가정주부가 되어 버린다면 여자아이들이 어떻게 학업을 계속할 수 있을까요? 짧은 기간 동안 배웠던 것들도 다 잊어버리고 맙니다. 메모리는 좋은 생각을 해냈습니다. 아직 십 대에 불과한 아이 엄마들에게 무상으로 강의를 해 준다는 게시문을 마을에 붙이는 것이었습니다.

　매우 빠른 시간에 20명가량의 십 대 엄마들이 메모리의 강의를 듣기 위해 모였습니다. 메모리는 그들에게 읽고 쓰는 법을 다시 가르쳤습니다. 서로 믿고 자유롭게 이야기할 수 있는 분위기에서 어린 엄마들은 자신들의 생활과 어려움을 이야기했습니다. 어느 날 자신들은 학교를 떠나야 했고, 가족을 다시는 보지 못하고 친구들과의 접촉도 완전히 끊겼다는 이야기였습니다. 완벽하게 고립된 그런 여성들 중 몇몇은 시댁의 노예가 되었습니다.

자기 주변의 모든 어른들이 아무렇지 않게 받아들이고 있는 그런 상황에 메모리는 점점 분개했습니다. 그리고 강제 결혼에 반대하는 투쟁을 하는 단체의 도움을 받아 대중 앞에서 연설을 하고, 모임을 조직하고, 모임을 활성화시키는 연습을 했습니다.

그런 다음 메모리는 어린 엄마들에게 제안했습니다. 어린 나이에 강제로 결혼시키는 조혼에 대해 함께 반대 운동을 하자고요. 다행히도 여성이었던 제사장은 메모리의 말에 설득되어 어린 엄마들을 지지했습니다. 그 투쟁에는 그녀들만 있었던 것이 아니었습니다. 오래전부터 법정 혼인 연령을 높이기 위해 싸우던 단체들과도 협력했으니까요.

마침내 좋은 소식이 들려왔습니다. 정부가 법정 혼인 연령을 높이는 새로운 법안을 제출할 것이라는 소식이었습니다. 그 소식에 어린 엄마들은 국회의원들을 설득하기에 나섰습니다. 그녀들은 매일 국회로 갔습니다. 바로 지금이 정치가들에게 자신들의 생각을 알리고, 그녀들 앞에 놓인 문제를 해결할 수 있는 안성맞춤인 때였으니까요.

법 혹은 관습

그녀들은 마침내 성공했습니다! 2015년 2월, 법정 혼인 연령이 15세에서 18세로 바뀌었습니다. 그것은 엄청난 발전이었지만, 아직 많은 일이 남아 있었습니다. 법안이 통과된 것만으로는 충분치 않았지요. 실제 적용이 되어야 했으니까요. 사람들의 마음가짐은 너무나도 느리게 바뀌었습니다! 부족마다 제사장을 납득시켜야 하고, 어머니들을 설득해야 하며, 어린 소녀들을 가르쳐야 했습니다. 그러나 이제 학업도 마치기 전에 결혼하는 것을 거절하는 소녀들은 법이 자신들 편임을 알고 있습니다. 소녀들은 자신들이 원하는 삶을 꾸려 나가기 위해 보다 더 강해졌음을 느끼고 있습니다.

메모리는 어린 엄마들에게 제안했습니다.
어린 나이에 강제로 결혼시키는 조혼에 대해 함께 반대 운동을 하자고요.

유년기를 빼앗긴 아이들

어린아이들의 결혼은 하나의 재앙이다. 특히 여자아이들에게 그렇다. 많은 여자아이들이 너무 어린 나이에 임신이나 출산을 감당하지 못해 죽어 간다. 그리고 그 아이들 중 많은 아이들은 계속 확산되어 가는 에이즈 바이러스에 감염되어 있다.

그 소년 소녀들은 교육받을 권리, 건강을 누릴 권리, 자신들의 장래를 선택할 권리 들을 누리지 못한다. 너무 어린 나이에 결혼한 까닭에 그들의 유년기는 날아가 버렸다.

아동 보호를 위해 만들어진 유엔 기관인 유니세프는 모든 아동이 적어도 아홉 살의 나이에는 학교에 입학하고, 초등 교육 과정을 완전히 마칠 수 있도록 하기 위해 싸우고 있다.

교육을 받기 위해 마을 공터에 모여 있는
말라위의 여자아이들과 어린 엄마들

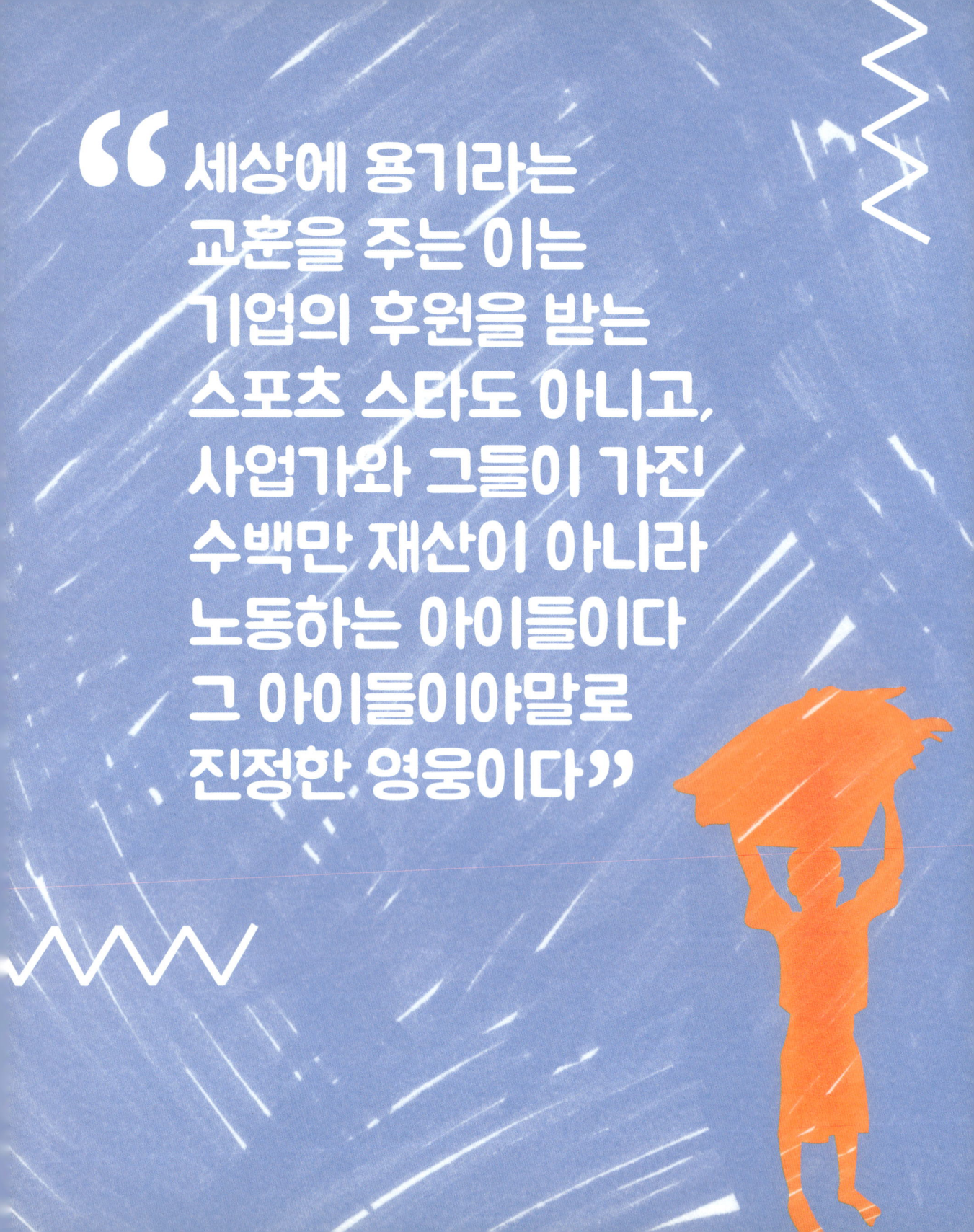

"세상에 용기라는
교훈을 주는 이는
기업의 후원을 받는
스포츠 스타도 아니고,
사업가와 그들이 가진
수백만 재산이 아니라
노동하는 아이들이다
그 아이들이야말로
진정한 영웅이다"

크레이그
아동 노동 착취를 폐지하다

이름 : 크레이그 키엘버거

출생 : 1982년 12월 17일, 캐나다 온타리오

국적 : 캐나다

쓴 책 : 《아이들을 해방시키라》, 크레이그 키엘버거와 케빈 메이저 공저

캐나다에 사는 열두 살 소년 크레이그는 별다른 문제없이 학교를 다니고 있었습니다. 1995년 4월 어느 날 아침, 크레이그는 학교에 갈 채비를 하고 있었습니다. 시간이 좀 있어서 만화를 보려고 〈토론토 스타〉라는 신문을 펼쳤습니다. 첫 페이지에 실린 한 장의 사진과 기사 제목이 소년의 눈길을 끌었습니다. 크레이그는 그 기사에 빠져들었고, 그것이 소년의 삶을 송두리째 바꾸어 버렸습니다.

신문

"10세에 해방되었다가 12세에 살해된 노예 아동 이크발 마시"

기사는 예전에 노예였다가 해방되어 아동 노동 착취를 폐지하고 그런 아동들을 해방시키기 위해 투쟁한 어린 파키스탄 소년에 대한 이야기를 다루고 있었습니다. 양탄자 공방의 주인들은 공짜 수공업 일꾼들이 사라져 가는 것에 분노하여 소년을 협박했습니다. 이크발은 한 발의 총탄을 맞고 사망했습니다. 양탄자 제조업자들이 쏜 오발탄이었는지 아니면 보복이었는지, 아직 수수께끼로 남아 있습니다.

어린 캐나다 소년은 이크발과 동갑인 열두 살이었습니다. 크레이그는 기사를 읽고 충격을 받았습니다. 아동 노동 문제에 관해 아는 바는 전혀 없었지만, 그래도 무엇인가는 해야 했습니다. 크레이그는 도서관에 가서 기사들을 찾아 읽었고, 아동 노동과 관련한 단체들을 찾아가 자신도 돕겠다고 나섰습니다. 그러나 대답은 똑같았지요.

"넌 너무 어리구나. 몇 년 후에나 우리를 만나러 오너라."

그래, 사람들이 나를 원하지 않는다면 나 스스로 행동해야지.

12-12세 클럽

며칠 후, 크레이그는 교실에서 그 기사를 흔들며 말했습니다.

"나는 이제야 알게 되었어. 이 세상에 수백만 명의 어린이가 노예로 있

다는 것을. 우리 역시 어린이야. 우리가 행동을 해야 해. 만일 너희들 중 몇 명이라도 무엇인가를 해야겠다고 생각한다면, 우리는 그 문제에 대해 깊이 생각하는 모임을 만들 수 있을 거야."

　11명의 아이들이 손을 들었고, 크레이그까지 12명이 되었습니다. 그리하여 '12-12세 클럽'이 탄생했습니다. 그들은 여러 학교를 돌아다니며 강연을 하고, 기금을 모으고, 아동을 고용한 기업들에 대해 불매 운동을 벌이려고 했습니다. 그러나 시간이 흐르면 흐를수록 크레이그의 머릿속을 떠나지 않는 생각이 있었습니다. 그건 본격적으로 활동을 하기 전에 직접 노예 아동들을 만나 그들의 생활을 알아야 한다는 생각이었습니다. 가장 힘든 일은 부모님을 설득하는 일이었습니다. 마침내 부모님이 허락했습니다. 크레이그는 집안끼리 알고 지내는 친구인 파키스탄 대학생 알

람과 함께 7주 동안 여행을 떠나게 되었습니다. 알람이 그들의 여정을 찍어 기록으로 남길 예정이었습니다.

　7주 동안 그들은 방글라데시, 태국, 인도, 네팔, 파키스탄의 5개국을 다녔습니다. 도처에서 아동의 권익을 위해 싸우는 사람들을 만날 수 있었습니다. 그러나 무엇보다 중요한 건 착취당하는 아동들을 10명가량 인터뷰하는 데에 성공했다는 점입니다. 때론 위협적으로 요구를 하거나 속임수를 써야 하기도 했습니다. 태국에서는 성매매의 희생자들, 그리고 다른 나라들에서는 양탄자 제조 공방, 벽돌 공장, 철도역 등에서 일하는 아이들을 만났습니다.

　크레이그가 만난 아이들 가운데 깊은 인상을 남긴 아이들이 있었습니다. 특히 아이들이 살아온 삶에 감동한 크레이그는 그 4명의 아이들과 친구가 되었습니다.

무니랄

인도 북부의 한 도시에서 경찰과 변호사 한 명이 양탄자 공방에 진입할 준비를 하고 있었습니다. 알람과 BBC 방송 리포터가 동행했습니다. 그들은 20명 정도의 아이들을 풀어 주었으나, 공방 주인은 도망쳤습니다. 아이들을 살던 마을로 데려다주던 차 안에서 기쁨의 환성이 터져 나왔습니다.

"우리는 자유다! 우리는 자유다!"

아이들은 합창하듯 소리쳤습니다. 도중에 크레이그는 자기 옆에 앉은 여덟 살의 무니랄에게 물었습니다.

"학교에는 다녔니?"

"응, 엄마 아빠는 내가 읽고 쓰는 법을 배웠으면 하셨어. 그런데 내가 틀릴 때마다 선생님이 몽둥이로 때리곤 했어. 그래서 학교를 그만뒀지."

그러던 어느 날, 누군가 마을로 와서 무니랄의 부모에게 아이를 데려가겠다며 제안했습니다. 아이는 학교에 다니면서 양탄자 제조 방법을 배울 수 있고, 그러면 아들이 많은 돈을 벌어다 줄 것이라고 했지요.

"하지만 난 한 푼도 받지 못했어. 나를 때리기만 했거든. 등에 난 흉터를 좀 봐. 아이들이 엄마 아빠를 찾으며 울 때면, 사람들이 담뱃불로 지지곤 했어. 그래서 그 후부터 나는 마음속으로만 울었어."

하지만 난 한 푼도 받지 못했어.
나를 때리기만 했거든. 등에 난 흉터를 좀 봐.
아이들이 엄마 아빠를 찾으며 울 때면,
사람들이 담뱃불로 지지곤 했어.
그래서 그 후부터 나는 마음속으로만 울었어.

벽돌을 나르는 네팔의 소녀들

"이제 곧 네 어머니를 만나게 될 거야. 함께 살게 될 거고."
크레이그는 아이를 안심시켰습니다.

나가시르

며칠 후, 알람과 크레이그는 풀려난 아이들이 쉬면서 자신감을 되찾기 위해 몇 달 동안 지내게 된 보호소를 방문했습니다. 크레이그는 나가시르 옆에 앉았습니다. 나가시르 역시 양탄자 공방에서 일하고 있었습니다. 일곱 살부터 일을 시작한 나가시르는 어린 동생을 탈출시키려다가 공방 사람들에게 걸려 벌을 받아야만 했습니다. 아이의 다리와 팔, 목에는 벌겋게 달군 쇠로 지진 표식이 있었습니다. 보호소에 왔을 때, 나가시르는 말이 없었습니다. 3주가 지난 후에는 콧노래를 불렀지요. 오늘 나가시르가 크레이그에게 노래를 불러 주었습니다.

살고 싶다면, 미소와 함께 살아요. (……)
폭풍우가 몰아쳐요, 재앙이 다가와요.
삶에는 오르막과 내리막이 있어요.
하지만 눈물 흘리지 말아요. (……)
미소와 함께 살아요.

모한

보호소에는 모한이라는 또 다른 아이가 5년 동안 공방에서 보낸 후 도망쳐 와 있었습니다. 아이는 무척 사근사근해서 쉽게 말문을 열었습니다. 크레이그는 아이들의 노동 문제를 고발하기 위해 기자들을 방에 불러 모으는 데에 성공했습니다. 나가시르와 모한은 기꺼이 증언해 주기로 했습니다. 모한은 함께 있던 아이들이 겪은 잔혹한 일들을 떠올렸습니다. 도망치다 잡힌 아이들 중 2명은 심지어 살해당하기도 했습니다. 그 방에는 아시아를 공식 순방 중이던 캐나다 총리의 자문 위원들이 와 있었습니다. 며칠 후 캐나다 총리는 크레이그의 접견을 승인했고, 순방 중에 아동 노동에 대한 문제를 다루겠노라고 했습니다.

> 모한은 함께 있던 아이들이 겪은 잔혹한 일들을 떠올렸습니다. 도망치다 잡힌 아이들 중 2명은 심지어 살해당하기도 했습니다.

말리가

파키스탄에서 며칠을 지낸 후, 알람과 크레이그는 인도 남부의 마드라스에 도착했습니다. 그들은 그곳에서 온갖 종류의 직업을 가진 아이들을 만났습니다. 쓰레기 더미를 뒤지는 넝마주이들, 재활용한 금속으로 그릇을 만드는 아이, 하인, 하루에 11시간씩 사탕을 포장하는 어린 소녀 등등…….

그러나 그들은 어느 좁은 골목 안쪽의 건물에서 가장 끔찍한 광경을 목격했습니다. 여덟 살짜리 어린 소녀 말리가가 주사기 더미 한가운데에 쪼그리고 앉아 있는 모습이었습니다. 깜짝 놀란 크레이그는 통역사에게 물었습니다.

"저 주사기들은 어디서 나온 것들이죠? 저 어린 소녀는 무얼 하고 있어요?"

"주사기들은 병원이나 길거리, 쓰레기 더미에서 나온 것들이란다. 아이는 플라스틱을 모으고 있고."

"하지만 저러다 에이즈에 걸릴 수도 있잖아요! 찔리기라도 하면 어떻게 돼요?"

크레이그는 다그쳐 물었습니다.

"씻으면 되지. 그게 다야. 치료를 받을 수는 없단다."

통역사가 대답했습니다.

크레이그는 어린 소녀를 향해 돌아섰습니다.

"얘, 너무 위험해 보인다. 바늘에 찔리지 않도록 조심하고 있지?"

"가끔 다쳐."

소녀는 덤덤하게 말했습니다.

크레이그는 자신의 친구들을 잊을 수 없었습니다. 2년 후, 그는 인도로 다시 가 몇몇 친구들을 찾았습니다. 무니랄은 여전히 가족의 품에서 지내며 학교를 다니고 있었습니다. 나가시르는 마을의 학부형들을 찾아다니며, 아이들을 양탄자 제조업자들에게 맡겨서는 안 된다고 설명하고 있었습니다. 모한은 중학교 기숙사에서 생활하는 학생이 되어 있었습니다. 모한은 정치가가 되어 제조 공장 소유주들을 체포하고 싶어 했습니다.

아이들을 자유롭게

"내 삶은 둘로 나뉘죠. 아시아를 다녀오기 전과 그 이후로요."

크레이그가 기자에게 말했습니다. 사실 아시아에서 돌아온 크레이그는 달라졌습니다. 이후 그는 아동들의 고통을 알리고 부유한 국가들이 그러한 상황에 일부 책임이 있음을 증명하느라 여념이 없었습니다. 그는 부모님의 절대적 지지를 받았고, 특히 형 마르크가 항상 가까이서 도와주었습니다.

12-12세 클럽을 만든 지 4년이 지나고, 크레이그는 열여섯 살이 되었습니다. 12명의 회원이 수백 명, 그리고 수천 명이 되면서, 클럽은 〈아이들을 자유롭게(Free the Children)〉라는 협회로 탈바꿈했습니다. 협회 기금

의 70%는 아이들이 하는 활동에서 나오고 있습니다.

오늘날

크레이그는 자신의 활동을 계속하면서 법학과 경제학 공부를 했습니다. 그리고 아동 노동 문제를 해결하려면 보다 더 근본적인 요인들을 해결해야 한다는 것을 깨달았습니다. 아이들이 아주 어린 나이부터 생계비를 벌 수밖에 없는 요인들을 없애야 했습니다. 그래서 협회는 니카라과에 소기업들을 세웠습니다. 덕분에 그곳의 부모들은 충분한 수입을 얻어 아이들에게 더 이상 일을 시키지 않고 계속 학교에 보낼 수 있었습니다.

아동의 권리 보호

전 세계 곳곳에, 심지어 선진국에서도 수백만의 아이들이 착취를 당하거나 학대를 당하고 있다. 수많은 단체들이 아이들에게 그들의 권리를 알리고 그 권리를 존중받을 수 있도록 하기 위해 싸우고 있다.

우리는 유엔아동권리협약을 널리 알리고 이를 준수하도록 해야 한다. 도저히 참고 넘길 수 없는 인권 유린을 중단시키기 위해 싸우는 국제 인권 운동 단체 국제앰네스티, 유니세프 등 국내외 인권 운동 단체들이 아동의 권리 보호를 위해 발 벗고 나서고 있다.

어린이는 어떤 장소, 어떤 상황에서도 보호받아야 마땅하다.

힘겨운 노동에 방치된 파키스탄 소녀

나오는 말

우리의 다짐

　보다 더 평등한 사회를 위해 세상은 바뀌어야 합니다. 물론 법률도 제정해야 하고, 단체들도 어마어마한 작업을 해야 할 것입니다. 그러나 이 모든 것으로도 충분치는 않습니다. 여기에 나오는 여덟 아이들처럼 우리 모두 각자 책임감을 느껴야 할 것입니다. 이 아이들은 스스로 자신들의 장래를 선택하기 위해 교육의 중요성을 깨달았고, 다른 이들이 뒤따를 수 있도록 먼저 길을 개척하고 나섰습니다. 이 아이들이 그 얼마나 대단한 힘과 희망을 보여 주고 있습니까!

　나이와 생활 환경에 상관없이, 우리는 우리가 서 있는 위치에서 스스로 배우고 관계들을 만들어 감으로써 무엇인가를 이룰 수 있습니다. 우리가 서 있는 위치에서 우리는 보다 책임감 있고 보다 정의로운 세계의 능동적인 시민이 될 수 있습니다.

행동하는 우리들

"

키즈라이츠(KidsRights) www.kidsrights.org
매년 국제아동인권평화상을 수여하는 단체로, 이곳에서 아동의 권리와 권리를 보호하기 위한 활동들을 볼 수 있습니다.

유니세프 한국위원회 www.unicef.or.kr
유니세프는 전 세계 어린이를 위해 일하는 유엔 기구로, 어려움에 처한 어린이를 지원하기 위한 기금을 모으고 아동 권리 증진을 위한 다양한 활동을 펼칩니다.

국제앰네스티 한국 지부 amnesty.or.kr
인간의 존엄성을 해치는 위협으로부터 모든 사람의 인권을 지키기 위해 활동하는 국제 인권 단체로, 전 세계 150여 개국이 함께하고 있습니다.

"

유엔아동 권리협약

United Nations Convention on the Rights of the Child : UNCRC

자료 | 유니세프 한국위원회 제공

 # 우리가 가진 권리
모두가 지켜 주는 권리

우리에게는 많은 권리들이 있습니다. 우리가 가진 권리는 누구나 똑같이 누릴 수 있는 것이지요. 우리의 권리를 배우는 일은 매우 중요합니다. 더 중요한 것은 내가 가진 권리를 소중하게 생각하는 만큼 다른 친구들의 권리도 잘 지켜 주어야 한다는 것입니다.

유엔아동권리협약은 우리의 권리를 담은 국제적인 법입니다.

1989년 11월 20일에 유엔이 만든 법이지요. 미국을 뺀 유엔 가입 196개 나라가 이 협약을 지키겠다고 약속했습니다. 우리나라도 1991년에 약속을 했습니다.

유엔아동권리협약은 협약의 정신을 담은 전문과 54개 조항으로 구성되어 있습니다.

1-40조는 실제적인 아동의 권리를 소개합니다.

41조는 협약의 법적인 효력 범위를 설명합니다.

42-45조는 협약의 홍보와 이행에 대한 내용입니다.

46-54조는 협약의 비준에 관한 조항들입니다.

지금부터 우리가 알아야 하고, 모두가 지켜 주어야 하는 아동의 권리에 대해 알아봅니다.

 **1조 아동이란**
18세가 안 된 우리 모두는 이 협약에 적힌 권리를 가지고 있습니다.

 **2조 차별 안 하기**
우리는 어떤 경우에도 차별받아서는 안 됩니다. 우리와 우리의 부모님이 어떤 사람이건, 어떤 인종이건, 어떤 종교를 믿건, 어떤 언어를 사용하건, 부자건 가난하건, 장애가 있건 없건 모두 동등한 권리를 누려야 합니다.

 **3조 어린이를 제일 먼저**
정부나 사회 복지 기관, 법원 등 우리와 관련된 일을 하는 모든 기관은 우리에게 무엇이 가장 이익이 되는지를 제일 먼저 생각해야 합니다.

 **4조 정부의 할 일**
정부는 우리의 권리를 지켜 주기 위해 필요한 모든 일을 해야 합니다.

 **5조 부모의 가르침**
우리의 부모님이나 우리를 보호하는 다른 어른들은 우리를 가르칠 권리와 책임이 있습니다.

 **6조 생존과 발달**
우리는 타고난 생명을 보호받고 건강하게 자랄 권리가 있습니다.

 **7조 이름과 국적**
우리는 이름과 국적을 가질 권리가 있으며 부모님이 누구인지 알고 부모님의 보살핌을 받을 권리가 있습니다.

 **8조 신분 되찾기**
우리가 이름과 국적 등을 빼앗긴 경우 정부는 이를 신속하게 다시 찾을 수 있도록 도와주어야 합니다.

 **9조 부모와의 이별**
부모님과 함께 사는 것이 우리에게 나쁜 영향을 미치지 않는 한 우리는 부모님과 함께 살아야 합니다. 어쩔 수 없이 헤어져 살아야 하는 경우 정기적으로 엄마, 아빠를 모두 만날 수 있어야 합니다.

 **10조 가족과의 재결합**
우리가 부모님과 떨어져 다른 나라에 살고 있는 경우 정부는 우리가 다시 부모님과 함께 살거나 계속 만날 수 있도록 입국이나 출국을 쉽게 허가해 주어야 합니다.

 **11조 내 나라에서 살기**
우리를 강제로 외국으로 보내서는 안 됩니다. 그런 경우 정부는 우리가 돌아올 수 있도록 모든 노력을 다해야 합니다.

 **12조 의견 존중**
우리에게 영향을 미치는 문제를 결정할 때 우리는 의견을 말할 권리가 있습니다. 어른들은 우리의 의견에 귀를 기울여야 합니다.

13조 표현의 자유
우리는 말이나 글, 예술을 통해 우리의 생각을 표현할 권리가 있으며 국경을 넘어 모든 정보와 생각을 서로 주고받을 수 있는 권리가 있습니다.

14조 양심과 종교의 자유
우리는 자유롭게 생각하고 우리의 양심에 따라 행동하며 원하는 종교를 가질 수 있어야 합니다.

15조 모임의 자유
우리는 모임을 자유롭게 조직할 수 있어야 하며 우리의 목적을 위해 평화로운 방법으로 모임을 열 수 있어야 합니다.

16조 사생활 보호
우리는 사생활을 간섭받지 않아야 합니다. 우리나 우리 가족에 대해 함부로 간섭하거나 공격해서는 안 됩니다. 우리가 주고받는 전화나 메일 등을 다른 사람이 마음대로 보아서도 안 됩니다.

17조 유익한 정보 얻기
우리는 신문, 방송, 잡지 등을 통해 우리에게 도움이 되는 정보를 얻을 수 있어야 합니다. 정부는 우리에게 나쁜 영향을 미치는 정보로부터 우리를 보호하는 한편 우리에게 유익한 도서의 제작 등을 장려해야 합니다.

18조 부모의 책임
부모님은 우리에게 무엇이 필요한지 알고 우리를 잘 기를 책임이 있습니다.
정부는 우리의 부모님이 우리를 잘 기를 수 있도록 도와주어야 하며 특히 맞벌이 부부의 자녀들이 좋은 시설에서 자랄 수 있도록 해 주어야 합니다.

19조 폭력과 학대
우리의 부모님이나 다른 보호자가 정신적, 신체적으로 우리에게 폭력을 쓰거나 학대하거나, 돌보지 않고 방치하는 일이 없도록 정부는 모든 노력을 해야 합니다.

20조 가족 없는 어린이
부모님이 없거나 부모님과 함께 사는 것이 우리에게 이롭지 않아서 부모님과 헤어져 사는 경우 우리는 특별한 보호와 도움을 받아야 합니다.

21조 입양
우리가 입양되어야 할 때, 우리의 입양을 결정하는 곳은 믿을 만한 정부 기관이어야 하며 부모님이나 친척 등 우리와 관련된 어른들의 동의를 얻어야 합니다.

22조 난민 어린이
전쟁이나 자연재해 등으로 난민이 되었을 때 우리는 특별한 보호와 도움을 받아야 하며, 우리가 가족과 헤어졌을 때 정부와 여러 단체들은 우리에게 가족을 찾아 주려는 노력을 해야 합니다.

23조 장애아 보호
우리의 몸이나 마음에 장애가 있을 때 우리는 특별한 보호를 받아야 하며, 정부는 우리를 돌보는 부모님이나 보호자가 우리를 잘 돌볼 수 있도록 필요한 지원을 해 주어야 합니다.

24조 영양과 보건
우리는 건강하게 자랄 권리가 있습니다. 충분한 영양을 섭취하고 깨끗한 물을 얻을 수 있어야 하며, 병에 걸렸을 때 병원이나 보건소 등에서 치료받을 수 있어야 합니다.

25조 시설 아동 실태 조사
우리를 잘 보호하고 치료하기 위해 정부가 우리를 특정한 시설에서 키우도록 한 경우, 정부는 우리가 어떤 상황에서 어떻게 자라고 있는지 정기적으로 조사해야 합니다.

26조 사회 보장 제도
정부는 우리의 권리를 지켜 줄 수 있는 사회 보장 제도를 만들어 주어야 합니다.

27조 적절한 생활 수준
우리는 제대로 먹고 입고 교육받을 수 있는 생활 수준에서 자라야 합니다. 정부는 필요한 경우 우리의 부모님이나 보호자가 우리를 알맞은 생활 수준에서 키울 수 있도록 도와주어야 합니다.

28조 인격을 존중하는 교육
우리는 교육받을 권리가 있습니다. 적어도 초등 교육은 무료로 받을 수 있어야 하며 능력에 맞게 더 높은 교육도 받을 수 있어야 합니다. 또한 학교 규율은 우리의 인격을 존중하는 방법으로 운영되어야 합니다.

29조 교육의 목적
우리가 교육받는 것은 우리의 인격과 재능, 정신적·신체적 능력을 마음껏 개발하기 위해서입니다. 또한 우리는 교육을 통해 인권과 자유, 이해와 평화의 정신을 배우고 다른 문화를 존중하는 방법, 자연을 사랑하는 방법을 배울 수 있어야 합니다.

30조 소수 민족 어린이
소수 민족인 우리는 고유의 문화 속에서 우리의 종교를 믿고 우리의 언어를 사용할 권리가 있습니다.

31조 여가와 놀이
우리는 충분히 쉬고 놀 권리가 있습니다. 정부는 우리가 문화와 예술 활동에 참여할 수 있도록 해 주어야 하며, 우리 모두가 이런 권리를 누릴 수 있도록 동등한 기회를 주어야 합니다.

32조 어린이 노동
우리는 위험하거나 교육에 방해가 되거나 우리의 몸과 마음에 해가 되는 노동을 해서는 안 됩니다.

33조 해로운 약물
우리는 마약을 만들고 판매하는 행위에 이용되어서는 안 됩니다.

34조 성 착취
우리를 성적으로 학대하거나 성과 관련한 활동에 이용해서는 안 됩니다.

35조 인신매매와 유괴
정부는 우리가 유괴를 당하거나 물건처럼 사고 팔리지 않도록 모든 노력을 다해야 합니다.

36조 모든 착취로부터 보호
정부는 우리를 나쁜 방법으로 이용해 우리의 복지를 해치는 어른들의 모든 이기적인 행동으로부터 우리를 보호해야 합니다.

37조 어린이 범죄자 보호
우리에게 사형이나 종신형 등의 큰 벌을 내릴 수 없으며 우리를 고문해서도 안 됩니다. 우리를 체포하거나 가두는 일은 최후의 방법으로 선택해야 합니다.
우리는 갇혀 있는 동안 가족과 만날 권리가 있으며 우리를 어른 범죄자와 함께 지내게 하면 안 됩니다.

38조 전쟁 속의 어린이
우리는 전쟁 지역에서 특별한 보호를 받아야 하며 15세 미만일 때에는 절대 군대에 들어가거나 전투 행위에 참여해서는 안 됩니다.

39조 몸과 마음의 회복
우리가 학대받거나 버려지거나 고문을 당하거나 전쟁 중에 고통을 받은 경우, 정부는 우리가 몸과 마음을 회복해 원래의 생활로 돌아갈 수 있도록 모든 노력을 해야 합니다.

40조 공정한 재판과 대우
범죄 혐의를 받은 경우 우리는 변호사의 도움을 받아야 하고 신속하고 공정한 재판을 받아야 합니다.
우리에게 증언이나 자백을 강요해서도 안 됩니다. 재판 과정에서 사생활을 보호받아야 하며, 사법 절차의 모든 단계를 거쳐야 합니다. 정부는 우리에게 형벌보다는 상담이나 보호, 직업 훈련 등 우리에게 맞는 다른 처분을 하도록 노력해야 합니다.

글쓴이 아닉 드 지리

아닉 드 지리는 예술사가이자 아동 작가이며 여행광이다. 국립문화유적센터에 문화유산 아틀리에를 설치하고, 고등상업학교와 파리 국립고등공예학교에 예술사 강좌를 만들어 강의를 하다가, 다시 나눔과 모험의 또 다른 형식인 글쓰기로 돌아와 어린이 책을 쓰고 있다. 현재 프랑스 파리에 살고 있다.

그린이 브뤼노 필로르제

브뤼노 필로르제는 다른 곳, 여행 그리고 다른 문화들을 무척 좋아한다. 그러한 그의 성향은 수많은 어린이 책에 그린 일러스트에서도 잘 드러난다. 현재 케브랑리 국립박물관, 브르타뉴 문화유산, 그리고 언론을 위해 일하고 있다. 그는 여행 일러스트레이터로서 브르타뉴에 있는 작업실을 떠나 여행을 하면서 현장의 스케치, 그림, 그리고 마주친 사람들과의 일화들로 가득 찬 여행기를 만들고, 프랑스와 외국에서 정기적으로 작품 전시를 하고 있다. 프랑스 서부 브르타뉴의 모리앙에 살고 있다.

옮긴이 김윤진

서울대학교 사범대학 불어교육과를 졸업하고 같은 대학 대학원에서 문학박사 학위를 받았다. 서울대, 홍익대, 경원대 및 이화여대 통번역대학원에서 강의를 했고, 현재 한국문학번역원에 재직 중이며 한국외대 통번역대학교 겸임교원으로 일하고 있다.
옮긴 책으로 《세상을 바꾸는 아이들》《프랑스 낭만주의》《플랫폼》《꽃들의 질투》《나보다 더 고양이》《오 나의 마나님》《15소년 표류기》《감정 교육》 등이 있다.

사진 출처

18–19p 연합뉴스 / 26–27p DFID, Wikimedia Commons / 32p CEphoto, Uwe Aranas, Wikimedia Commons / 40–41p DFAT(Department of Foreign Affairs and Trade), Wikimedia Commons / 49p Alison McKellar, Wikimedia Commons / 54–55p Omar Monroy, Wikimedia Commons / 64–65p 연합뉴스 / 68–69p Marcello Casal Jr., Agência Brasil / 76p 연합뉴스 / 80–81p 연합뉴스 / 86–87p Julien Harneis, Wikimedia Commons / 89p Photo MONUSCO : Abel Kavanagh / 96–97p The Sustainable Sanitation Alliance(SuSanA), Wikimedia Commons / 101p Jerman Alexander, Wikimedia Commons / 110–111p Swathi Sridharan, Wikimedia Commons / 119p Krish Dulal, Wikimedia Commons / 126–127p ah33l, Wikimedia Commons / 129p DFID, Wikimedia Commons